Mit feinem Humor, entwaffnender Menschenkenntnis und erzählerischer Raffinesse ermuntert Titus Müller uns, sich auch auf die unwägbaren Begegnungen und Erfahrungen beim Bahnfahren einzulassen, denn im Zug sind wir selten allein. So kann jede Bahnreise zum Genuss werden – und unsere ewige Sehnsucht sowohl nach Verbundenheit als auch nach der Ferne stillen.

TITUS MÜLLER, geboren 1977, studierte Literatur, Geschichtswissenschaften und Publizistik. Mit 21 Jahren gründete er die Literaturzeitschrift *Federwelt* und veröffentlichte seither über zwanzig Bücher. Seine Trilogie um *Die fremde Spionin* brachte ihn auf die *SPIEGEL*-Bestsellerliste. Er lebt mit seiner Familie bei München, ist Mitglied des PEN-Clubs und wurde u. a. mit dem C. S. Lewis-Preis und dem Sir Walter Scott-Preis ausgezeichnet.

Titus Müller

Einsteigen

Warum das Bahnfahren
immer noch die schönste
Art zu reisen ist

HOLPRIGER BEGINN
EINER LIEBESGESCHICHTE

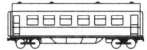

Die Bahn und ich, das war nicht von Anfang an harmonisch.

Als Kind fürchtete ich den Moment, wenn der Zug im Bahnhof bremste. Es quietschte so laut, dass ich mir die Ohren zuhalten musste.

Oft waren die Züge voll besetzt und es blieb uns nichts anderes übrig, als im Raucherabteil Platz zu nehmen. Beim Bremsen und Anfahren rollte am Boden eine Bierflasche umher.

Winterlich kalt war es auf der Toilette. Das Loch, dessen Klappe man mit einem Tretpedal öffnete, war hypnotisch, ich schaute hinunter auf die Schwellen, die vorüberrasten. Die Kernseife wurde von einer Mühle, die man drehen musste, in feinen Staub zermahlen.

Die Bahn kam mir roh und laut vor.

So ist es in guten Liebesgeschichten. Anfangs können sich die künftigen Liebespartner nicht leiden.

Inzwischen liebe ich das Bahnfahren so sehr, dass meine Frau sagt, wenn es mir schlecht geht: Du solltest Bahn fahren. (Sie sagt das fürsorglich – nicht, weil sie mich loswerden will.) Auch unsere Geschichte ist mit dem Zugfahren verknüpft. Unser erstes Date hatten Lena und ich im Nürnberger Hauptbahnhof. Von dort liefen wir zum Literaturhaus, ich trank einen Cappuccino, sie ein Glas Orangensaft, wir redeten eine Stunde, und als wir zum Bahnhof zurückkehren wollten, fand ich vor lauter Liebestaumel den Weg nicht, obwohl es bis dorthin bloß dreihundert Meter waren.

Wir begannen eine Fernbeziehung: München–Göttingen. Wenn ich Lena vom Zug abholte, waren die ersten Minuten im Bahnhof noch recht unbeholfen, wir hatten uns zwei, drei Wochen nicht gesehen und nur telefoniert und waren von der Anwesenheit des geliebten Partners überwältigt.

Heute sehen wir uns täglich: Wir leben glücklich verheiratet in Landshut mit unseren zwei Jungs.

Für Besuche bei meinen Eltern brauche ich ebenfalls die Bahn. Sie leben nahe der Nordseeküste. Auf dem Weg dorthin mag ich vor allem das letzte kleine Stück: die Fahrt über den Nord-Ostsee-Kanal. Aus der Vogelperspektive sehe ich die Schiffe den Kanal entlangziehen und staune, wie klug ihre Container geschichtet sind. Bei Nacht leuchten orangefarbene Positionslichter rechts und links des Kanals wie Straßenlaternen. Ihr Licht spiegelt sich im Wasser.

Komme ich bei Tag an, dann bewundere ich die friedliche Landschaft und die Kühe, die sich in der Sommerhitze zum Ruhen hinlegen. Wenn sie aufstehen, strecken sie erst die Hinterbeine, bevor sie sich mit Schwung auch auf die Vorderbeine stellen. Mit dem Zug über den Nord-Ostsee-Kanal zu fahren, hebt mich empor, ich lasse die Baumwipfel unter mir und kann die Landschaft in ihrer ganzen Weite betrachten.

Ich habe meist zwei Bücher dabei, für den Fall, dass eines ausgelesen ist oder sich als Enttäuschung herausstellt. Nie fahre ich ohne Buch. Ich reise von einer Stadt zur anderen, mein Kopf ist leicht auf dem Weg und will gefüttert werden.

Aber Bücher verschönern nicht nur eine gelungene Bahnreise, sie retten auch eine missglückte. Heute bin ich unterwegs von einer Lesung nach Hause. Eine Oberleitung zwischen Regensburg und Obertraubling ist defekt, der ICE nach Wien kann nicht weiter, auch die Regionalbahnen enden alle in Regensburg, Richtung Süden geht nichts mehr.

Wir werden zum Bahnhofsvorplatz geschickt und warten auf Ersatzbusse. Mir tut der Rücken weh. Wie machen das Lehrer eigentlich, die den Unterricht im Stehen bewältigen müssen? Und Buchhändler, die im Laden stehen?

Ich habe die Bücher, langweilig wird mir nicht. Allerdings stehe ich inmitten einer Meute, in der viele aufgeregt telefonieren. Das Telefonieren der Leute stört mich mehr als das Stehen und Warten.

Ich lese die Memoiren von Michael Krüger, sie beamen mich in eine andere Realität, ich spüre die Rückenschmerzen nicht mehr. Jetzt gelingt es mir auch, die telefonierenden Leute auszublenden. Ich habe Geduld.

Dann der Ruf: »Ein Bus kommt!« Die Meute schwirrt auf wie ein Bienenschwarm.

Ich sehe die helle, giftgrüne Lackierung: ein Flixbus. Nicht das, was wir uns wünschen, denke ich.

Der Bus biegt auf den Bahnhofsvorplatz ein. Er fährt nach Florenz, es steht groß über der Front. Ich verspüre den Impuls, die Meute stehen zu lassen und einfach in diesen Bus einzusteigen, vielleicht haben sie noch einen Platz. Zwischenstopp in Prag und dann nach Italien. Dieses Fernweh! Heute Abend hat der Bus die Nase vorn, dem Zug ist der Saft ausgegangen.

Dabei ist Fernweh einer der Gründe, weshalb ich Züge liebe. Schon der Anblick von Anzeigetafeln weckt es in mir. Ich lese am Bahnsteig: Amsterdam. Prag. Budapest. Und würde am liebsten spontan einsteigen – es wäre so einfach! – und in Budapest, Prag, Amsterdam wieder aussteigen.

Einmal hielt der Orient-Express in Landshut. Ich brach gerade auf zu einer kleinen Lesetour durch drei Städte und wartete auf meine Regionalbahn auf Gleis 6. Da hielt an Gleis 5, dunkelblau mit goldenen Verzierungen, der Orient-Express auf seiner Reise Venedig–Florenz–Paris. Weinrot livrierte Zugbegleiter und zwei Köche in weiß gestärkten Hemden stiegen aus, standen an den Ausgängen und plauderten. Die Versuchung war groß, statt an Gleis 6 einfach an Gleis 5 einzusteigen.

An all das denke ich, während ich auf dem Bahnhofsvorplatz in Regensburg auf den Ersatzbus warte. Endlich trifft er ein. Ich habe Lesezeit, erst im Ersatzbus, dann in der Bahn, in die ich umsteige. Die Oberleitungsstörung ist bald vergessen. Morgen ist ein neuer Tag. Züge bringen mich – zuverlässiger, als die meisten denken – an weit entfernte Orte, und ich komme ausgeruht und unternehmungslustig dort an. Den Orient-Express kann ich mir nicht leisten. Aber ich nehme mir vor, bei nächster Gelegenheit Paris und London mit dem Zug zu bereisen.

TRAINSPOTTER

Als nach der Pandemie die Leipziger Buchmesse zum ersten Mal wieder ihre Tore öffnete, stand ich mit meinem Bruder, der Literaturübersetzer ist, am Leipziger Hauptbahnhof. Wir warteten auf die Straßenbahn Linie 10, die zum Messegelände fährt. Als sie endlich kam, war sie so voll, dass wir sie fahren lassen mussten, die nächste auch, die dritte erneut. Ich war zornig auf mich selbst, weil wir zwar vorn am Bahnsteig standen, aber nicht verhinderten, dass andere sich mit Vehemenz vorbeidrängten, sodass wir am Ende jedes Mal draußen übrig blieben. Es verrät einiges über meinen Bruder und mich. Wir haben von klein auf gelernt, nicht zu stören. Deshalb rufen wir ungern jemanden an, wir können ja nicht wissen, was der Angerufene gerade tut und ob wir ihn womöglich aus einer wichtigen Tätigkeit herausreißen. Werden wir angerempelt, dann entschuldigen *wir* uns.

Schließlich kam eine Tatra. Was für eine Kindheitserinnerung! In Berlin-Marzahn, wo wir aufgewachsen sind, fuhren damals diese neuen tschechischen Straßenbahnen, und wir liebten sie. Im Inneren gab es eine Zahlbox aus Blech, die aussah, als wäre sie von Hand zusammengelötet worden. Hier konnte man lange vor der Einführung von Fahrkartenautomaten seinen Fahrschein kaufen.

Das Fahrgeld wurde in einen Schlitz eingeworfen und landete in einer Art »Mühle«, die sich jedes Mal weiterdrehte, wenn man mit einem mechanischen Hebel rechts am Gerät die Fahrscheinrolle einen Abschnitt weiterdrehte, um am Ausgabeschlitz einen Fahrschein abzureißen. Die Fahrt kostete zwanzig Pfennige, ermäßigt zehn Pfennige.

Ein Sichtfenster ermöglichte anderen Fahrgästen dabei den Blick in die »Mühle« und die Kontrolle, ob das Fahrgeld ordnungsgemäß eingeworfen wurde. In Wirklichkeit scherte sich niemand darum. Manche warfen statt der Münzen einen Knopf hinein, auch der klimperte und klang so, als hätten sie bezahlt. Andere verwendeten Kronkorken. Wir Kinder zogen aus Tollerei nicht nur einen Fahrschein, sondern kurbelten immer weiter, bis wir eine lange Kette von Scheinen abreißen konnten.

Im Bus wurde mir damals oft schlecht, zumal die Ikarus-Busse in Ostberlin stark vibrierten, das Fahrtanzeiger-Schild klapperte dabei fürchterlich. Aber Straßenbahn fuhr ich gerne. Die Ringbahn in Naumburg bei meiner Großmutter. Die Straßenbahn zur Musikschule, als wir fünf Jahre in Magdeburg lebten. Und dann in Marzahn die neue Tatra-Bahn, die beim Anfahren so knallte. Nachdem ich das Knallen in meinem Roman *Der letzte Auftrag* erwähnt hatte, geriet ich darüber in einen Streit mit einer Leserin, die fürchtete, ich wolle die DDR madig machen.

Dabei war die moderne Tatra-Gelenkbahn mit ihren orangeroten Schalensitzen eine Freude! Der elektrische Motor trieb sie so kraftvoll vorwärts, dass man beim Anfahren herrlich in den Sitz gedrückt wurde. Nur wenn die Beschleunigung nachließ, knallte es jedes Mal – was aber kein Defekt war, alle neuen Bahnen taten das, ein Schütz knallte, ein elektromechanischer Schalter, der nach dem Beschleunigen die Fahrspannung unterbrach.

Jetzt also stand ich mit meinem Bruder in Leipzig an der überfüllten Haltestelle, eine Tatra fuhr vor, und ein Mann mit umgehängtem Fotoapparat fragte das Sicherheitspersonal, ob diese noch woanders führe? Er wolle nicht zur Messe, sondern nur mit einer Tatra fahren. Der Sicherheitsmann, der mit dem Megafon Ansagen machte und die Menge dirigierte, verneinte. Also zwängte sich der Tatra-Fan mit in die übervolle Messebahn. Einfach, weil er Tatra fahren wollte.

Solchen Einsatz zeige ich nicht. Ich bin kein Eisenbahnfan. Aber ich sehe die Fans. Sie stehen mit ihren Kameras ganz am Ende des Bahnsteigs und warten geduldig auf den Moment, wenn der Zug einfährt.

Ich finde es wunderbar, dass wir Menschen uns für eine Sache interessieren können, auch wenn sie uns nichts nützt. Das ist eines der Dinge auf der Welt, die bei mir Gänsehaut hervorrufen und unendliche Freude: mitreißende Begeisterung zu sehen, egal für was.

Aurelius und Thaddaeus, meine achtzehn- und vierzehnjährigen Neffen, sind Fans von *Snarky Puppy*, einer Jazz-Fusion-Band, die Jazz mit Rock, Weltmusik und Funk verbindet und fünf Grammys gewonnen hat. Ich höre zum ersten Mal von ihr (was mir vor meinen Neffen etwas peinlich ist), und gleich legen sie eine Schallplatte auf, um mich zu überzeugen. Das Können der Musiker ist beeindruckend, man hört sofort, dass sie zu den Größen unserer Zeit gehören, auch wenn ich mich in die Stilrichtung erst einhören muss.

Meine Neffen überreden mich dazu, »Snarky Puppy Keyboardist Hears Dua Lipa For The First Time« bei YouTube einzugeben. Dem Keyboarder der Band wird ein Lied der Popsängerin Dua Lipa vorgespielt, das er noch nicht kennt – allerdings nur die Melodie und die Beats, sonst nichts. Im Video kann man zusehen, wie er dazu eine eigene Musik erfindet, Harmonien, fetzige Riffs. Ich hätte heulen können vor Entzücken. Es war nicht meine Musikrichtung, aber die Schaffensfreude dieses Musikers zu sehen, diese Begeisterung für die Musik, war herrlich.

Es gibt viele schöne Sachen auf der Welt, von Schallplatten über Fotografie oder Mode bis hin zur Schreibmaschine. Warum gibt es da noch Menschen, die sich für nichts begeistern können?

Auch Züge haben ihre leidenschaftlichen Fans. Im Englischen nennt man die extremen Bahnliebhaber »Foamer«, also Schäumer, weil sie so enthusiastisch auf den Anblick eines Zugs reagieren, dass sie angeblich Schaum vorm Mund entwickeln. Sie verbringen ganze Wochenenden mit der Jagd nach Zügen, sie fotografieren und filmen vorbeifahrende Loks. Das tun auch die gemäßigten Bahnliebhaber, die Railfans, aber sie sind stolz darauf, nicht auszuflippen wie die Foamer, wenn der Zug vorüberfährt.

Zug-Nerds gibt es in allen möglichen Variationen: Es gibt Nerds, die sich für Brücken interessieren. Nerds, die Tunnel lieben und alles darüber wissen und auf einer Bahnfahrt besonders entzückt sind, wenn ein Tunnel durchfahren wird. Andere sind Kenner, was die Schranken angeht, oder die Signale, oder Bahnhofsuhren. Wieder andere sammeln alte Kursbücher. Und sie alle haben den *LOK Report* abonniert, ein monatliches Magazin für Eisenbahnfreunde, oder den *Modelleisenbahner*, den *Eisenbahnkurier*, das *Lok-Magazin*.

Der Tatra-Fan in Leipzig hat mich neugierig gemacht. Ich will die Begeisterung selbst erleben und verabrede mich mit zwei Trainspottern in Dresden für das Dampfloktreffen. Vereine, die sich zusammengefunden haben, um alte Dampflokomotiven zu restaurieren, unternehmen heute Sonderfahrten mit Dampfzügen. Es gibt Rundfahrten, kleinere und größere Touren, von Dresden nach Dürröhrsdorf beispielsweise oder nach Altenberg. Aber nicht alle Eisenbahnfans bevorzugen es, mitzufahren. Samu und Michael wollen die Züge von außen sehen und sie fotografieren. Ich begleite sie auf der Jagd nach guten Aussichtsplätzen entlang der Bahnstrecken. Ich will wissen, was sie fesselt an der Eisenbahn.

Als ich sie frage, wie oft sie das schon gemacht haben – loszuziehen, um Züge zu erspähen –, sagen beide »Äh« und sehen sich vielsagend an, dann lachen sie.

Die erste deutsche Ferneisenbahn fuhr von Leipzig nach Dresden. Auch Saxonia, die erste in Deutschland gebaute, funktionstüchtige Dampflokomotive stammt aus dieser Gegend. »Sie ist hier hergestellt worden«, sagt Michael, »dort drüben in der Maschinenfabrik Dresden-Übigau.«

Die Saxonia war nach heutigen Maßstäben ein Winzling. Konstruiert hat sie Johann Andreas Schubert, ein Professor für Mathematik und Maschinenbau in Dresden, den eine Englandreise inspiriert hatte. Aber so recht vertrauen wollte man seiner deutschen Konstruktion nicht, was ihn sehr enttäuscht haben muss. Bei der Eröffnung der Bahnstrecke zwischen Leipzig und Dresden am 7. April 1839 wurde der Zug von zwei aus Großbritannien importierten Lokomotiven gezogen, und Schubert durfte mit seiner Saxonia bloß hinterherfahren.

Dabei war er kein Hinterherfahrer, sondern ein Vordenker. Nach seinen Entwürfen baute man aus sechsundzwanzig Millionen Steinen die Göltzschtalbrücke im sächsischen Vogtland, bis heute die größte Ziegelmauerwerk-Brücke der Welt. Seine Lok Saxonia wurde schließlich doch in der Leipzig-Dresdner Eisenbahn-Compagnie eingesetzt.

Michael und Samu interessieren sich für Antriebsarten, Lok-Baureihen, Wagentypen, Nummerierungssysteme. Heute wollen sie die Lokomotiven und Züge nicht einfach so fotografieren, sondern außerdem einen schönen Hintergrund für ihre Motive finden.

Wir stehen in einem kleinen Ort und warten auf die 01 und die 23 aus Staßfurt. Ein paar andere Züge kommen vorbei. Jeder wird gewürdigt. Eine Taurus zieht einen Güterzug, und der IC-Triebwagen ist interessant, weil dieses Fahrzeug eigentlich in Österreich fuhr, von Salzburg nach Wien, und jetzt von der DB übernommen wurde, aber weiterhin ein internationales Kennzeichen hat, was zu spannenden Kennzeichen-Mischungen führt.

Ein Anwohner tritt aus seinem Haus und lächelt sofort, weil er weiß, was wir hier tun. Er fragt, was heute noch vorbeikommen wird. Er sei auch »so ein bissel Dampflokfan«. Die drei fachsimpeln, ich verstehe nicht viel. Samu sagt, außer der 01 und der 23 komme heute aus Würzburg die 23 West und die 50 aus Meiningen, die würden beide nach Dresden fahren. »West bedeutet Bundesbahn«, erklärt mir Michael, »also nicht Reichsbahn.« Das sei wichtig zu unterscheiden, denn beide benutzten weitgehend dasselbe Nummerierungssystem, bezeichneten damit aber unterschiedliche Lokomotiven.

Jetzt reden sie von der schweren Diesellok Ludmilla, die man schon von Weitem hört, weil es hier bergauf geht. Sie stammt aus einer Lokomotivfabrik im ukrainischen Luhansk, dort wurde sie für die Sowjetunion und die Länder des Ostblocks produziert, unter anderem in großen Stückzahlen für die DDR. Was wird jetzt aus der größten Lokomotivfabrik der Welt werden? Das Werk wurde nach der Ausrufung der »Volksrepublik Lugansk«

unter russischer Okkupation weitgehend geplündert, heute wird in einem kleinen Restteil der Fabrik angeblich noch Haustechnik hergestellt.

Die Ludmilla jedenfalls fährt weiter im Güterverkehr und leuchtet mit ihrem großen Fernlicht in der Mitte, sowohl im Osten als auch im Westen der Bundesrepublik.

Als sich ein Schnaufen nähert, wird das Gespräch abrupt beendet. Die Trainspotter hasten zu den Gleisen, reißen ihre Kameras hoch. Auch mich beeindruckt der vorbeidonnernde Dampfzug. Sie fotografieren ihm noch hinterher. Dann senken sie die Apparate und lächeln. Sie atmen bewundernd den Duft ein, den die Dampflok hinterlassen hat. Es riecht nach verbrannter Kohle und Schmieröl und Wasserdampf, nach Rauch und Geschichte und weiter Welt. So muss es damals in allen Bahnhöfen gerochen haben.

Wir kehren zum Auto zurück, fahren ein paar Minuten. In Niederau, wo die Berliner und die Leipziger Strecke ein Stück parallel verlaufen, parken wir am Feldrand und wandern entlang der Bahnstrecke. Um einen besseren Blick zu haben, klettern wir den Hang hinauf.

Heute Abend werden die Dampfloks im Dunkeln »schaulaufen« mit eingeschalteten Lichtern, darauf freuen sich die beiden, sie werden fotografieren. Die Loks sollen im Bahnbetriebswerk einzeln auf die Drehscheibe fahren und langsam gedreht werden, bevor sie wieder herunterfahren, wie bei einer Modenschau, erklären sie mir. Manchmal gebe es auch eine Lokparade, da führen die Loks hintereinander.

Jetzt aber ist es noch Tag. Eine gute Stunde verbringen wir hier und fotografieren. Wir haben Glück: Da gerade die Leipziger Strecke gesperrt ist, fahren alle Züge über die Berliner Strecke.

Später lauern wir an einem Bahnübergang. Eine V60 soll kommen. Spitzname: Goldbroiler, wegen der orangefarbenen Lackierung, der kompakten Form und der Ost-Herkunft.

Als sie sich nähert, sagt Michael: »Die Rangierbühne ist aber neu.«

»Die ist erneuert worden«, gibt Samu ihm recht.

Sie erklären mir, dass die 60 für die PS-Zahl steht, 600 PS, und das V für Lokomotiven mit Verbrennungsmotor. Es gebe auch eine V320 mit 3200 PS, das sei die Ludmilla.

Samu blickt auf sein Handy. »Später kommt noch eine Euro-Dual«, sagt er.

Michael freut sich. »Die kann beides, mit Diesel fahren und elektrisch. Bei Bedarf schaltet sie einfach um.«

Woher er wisse, wann welche Lok komme, frage ich Samu.

Er erklärt mir, dass es eine WhatsApp-Gruppe gebe mit Leuten wie ihnen, und jemand stehe ein Stück weiter die Strecke rauf und gebe immer durch, was aktuell bei ihm vorbeifahre.

Das Warnsignal ertönt. Die Schranken schließen.

Ein Auto muss anhalten, der Fahrer sieht uns mit den Kameras stehen. Er lässt die Scheibe herunter und fragt mit leicht spöttischem Unterton: »Kommt eine seltene russische Diesellok?«

»Eine V60«, sagt Samu.

Der Mann im Auto schüttelt den Kopf. »Wie man sich für *so etwas* begeistern kann!«

Er sei jahrelang zweimal im Monat von hier aus nach München gefahren. »Ich habe *alles* erlebt«, sagt er, »*alles!*« Er beginnt eine Tirade über die erste Klasse und Reservierungen und Pannen, aber da kommt der ersehnte Zug, die Fotografen reißen ihre Kameras hoch, und der Lärm der Lok macht eine Verständigung schwer. Irgendwann lässt der Mann von uns ab.

Als der Zug durch ist und die Schranken sich öffnen, sagt der Fahrer nur noch, er wünsche gute Motive, und braust davon, sein weißer Pudel guckt mit hängender Zunge aus dem Autofenster.

Zwei weitere Fotografen erscheinen. Kommt ein Zug vorbei, heben sie die Hand, sie grüßen die Lokführer. Sind sie Lokführer in Rente? Sie gehören dazu, sagt ihre Geste. Es steckt Stolz darin.

Ich frage nach. Der eine ist Bahner. Der andere sagt, nein, er sei kein Lokführer. Aber damit die Lokführer nicht erschrecken, weil sie hier so dicht am Gleis stehen, grüßen sie, um zu zeigen, dass sie nicht springen wollen. »Und die meisten freuen sich einfach, wenn man grüßt«, sagt der Erfahrene. Manche reagierten mit Hornsignalen oder Lichthupe.

Er stellt sich mit seinem Namen vor. Samu sagt: »Ach, du bist das!«

Er ist einer von denen, die über WhatsApp immer wieder durchgeben, welche Züge an ihm vorbeikommen, und damit den anderen hilft, sich zu orientieren.

Ich frage ihn, wie lange er schon Züge fotografiert.

»Intensiv seit 1997«, sagt er. Damals habe er Pläne ergattert, wann die 156er nach Zwickau rausfahre, und habe endlich nicht mehr auf gut Glück ausharren müssen.

Er springt auf. Eine einzelne weiße Lok kommt, eine Vectron von Siemens. »Das ist ein Highlight«, ruft er begeistert und hebt seinen Fotoapparat. »Die ist fabrikneu. Hat aber ein Gewichtsproblem.«

Ich frage nach.

»Eine vierachsige kleine Lok, zweitausend Kilowatt, das ist schon was, also ein starker Dieselmotor und dazu der Elektromotor. Aber sie ist zu schwer.« Er lächelt nachsichtig wie über ein Kind mit Lese-Rechtschreib-Schwäche.

Was für ihn der Reiz an seinem Hobby sei, frage ich.

Seltene Loks, sagt er, und gute Bilder. Manche sammelten auch Baureihen und versuchten, sie komplett zu bekommen. Ich merke, wie unterschiedlich Eisenbahnfans sind: Manche machen Fotos, andere sind Modellbahner, wieder andere sammeln Fahrpläne, notieren Zugnummern und Fahrtzeiten, sind in Eisenbahnvereinen engagiert.

Die bunte Eurodual-Lok kommt. Er gibt mir mit Begeisterung ihre Diesel-Kilowattstunden durch und die elektrischen. »Eine Einheimische«, sagt er liebevoll.

Ich möchte von den Trainspottern wissen, was ihre Lieblingsloks sind.

»Die E44.5«, sagt Samu. »Das ist eine Lokomotive, die fährt gar nicht mehr. Sieben Stück sind gebaut worden für die Strecke Freilassing-Berchtesgaden. Es gibt, glaube ich, noch zwei: Eine steht in Freilassing, eine in Weimar.«

Als ich es mir notiere, fügt er hinzu: »Die IV K ist auch nicht schlecht. IV steht für die vierte Schmalspurlok der Königlich Sächsischen Staatseisenbahn. Davon gibt es noch einige, die fahren heute immer noch bei vielen sächsischen Schmalspurbahnen.«

Michael sagt: »Ich habe zu Hause das Dampflokarchiv in acht Bänden, da kann ich nachgucken.«

Und was ist seine Lieblingslok?

»Die Ludmilla alias Baureihe 232. Dann die IV K, die mag ich auch sehr. Und ich bin ein großer Fan von den Martens'schen Einheitsliliput-Lokomotiven. Ein Nachbau der großen Dampfloks, Maßstab 1:3, aber die fahren trotzdem mit richtigen Zügen, zum Beispiel bei der Parkeisenbahn in Dresden. In England fahren die teilweise mit Nahverkehrszügen über Land.«

Michael schreibt Bücher über Eisenbahnthemen, zum Beispiel: *Mit welchem Zug kommt der Sandmann? Eisenbahn-Wissen für echte Fachleute.* Gerade recherchiert er für ein Buch zu Lok-Spitznamen. Er möchte auch Nichtkenner für die Bahn begeistern und von ihren weniger bekannten, unterhaltsamen Eigenarten erzählen.

Beide, Michael und Samu, haben, als sie noch jünger waren, in der Dresdner Parkeisenbahn »gedient«, sie hatten sogar mal einen Dienst gemeinsam als ehrenamtliche Mitarbeiter. Viele Tätigkeiten dort werden von Kindern und Jugendlichen ausgeübt.

Mit ihrer Begeisterung für Züge stecken sie mich

an. Vielleicht ist man als Ossi besonders empfänglich dafür. In meiner Kindheit sah ich Züge, die in Länder fuhren, die mir verboten waren. Fürs Reisen brauchte man eine Genehmigung. Züge wurden durchsucht, Unbefugte festgenommen. Polen war genauso unerreichbar für mich wie Frankreich oder Italien, und selbst etliche deutsche Städte waren tabu. Ihre Namen klangen fremd, wie heute vielleicht Kairo oder Casablanca: Hamburg, Braunschweig, Hannover.

Mit meinem Kumpel Mathias schaute ich heimlich Westfernsehen, er durfte das nicht, seine Mutter war parteitreu und Russischlehrerin. Ich erträumte mir anhand der Werbeclips eine westdeutsche Welt – während sie uns in der Schule Angst machten: Im Westen gäbe es Unmengen an Arbeitslosen, und man würde Leute gegen ihren Willen drogenabhängig machen, indem man ihnen an der Straße ein Tattoo aufdrücke, sodass die Drogen durch die Haut ins Kreislaufsystem eindrängen.

Trotzdem wollte ich gern reisen.

Samu und Michael sagen am Ende: Du klingst schon wie ein richtiger Eisenbahnfan.

ZUSAMMENWACHSEN

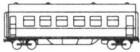

Man stellt sich nicht vor im Zug. Man grüßt kurz und fragt: »Ist der Platz noch frei?« Dann sitzt man stundenlang neben einem Menschen, von dem man nichts weiß, und fährt gemeinsam durch das Land.

Mich machen die anderen Menschen neugierig. Ich versuche, Schlüsse zu ziehen. In welcher Stimmung sind sie? Haben sie einen schweren Abschied hinter sich, sind sie privat oder beruflich unterwegs? Was verrät ihre Kleidung, ihre Wortwahl, ihr Aufseufzen und Taschenwühlen über sie? Fahren sie oft oder selten mit dem Zug?

Unter der Woche bin ich mit meiner Familie zusammen, und vielleicht treffe ich mich mit meinem Lieblingsbuchhändler auf einen Kaffee. Im Zug aber begegne ich all den Menschen, die ich sonst nie sehe.

Da sind die mit der Zeitung. Die mit den Kopfhörern.

Die mit Buch. Mit Handy. Mit Cola. Mit Metal-Shirt. Die mit der Sporthose. Die mit dem Hund. Die mit dem Kinderwagen. Die mit den Sneakers. Die mit der Bäckertüte.

Ich staune, wie vielfältig wir Menschen sind. Wie viele Untergruppen aus dem breiten Spektrum an Interessen und Herkünften mir hier begegnen.

Manche sind mir fremd und ich ihnen wahrscheinlich genauso. Aber wir würden Themen finden, Vorlieben, die wir teilen. Filme, die wir mögen, Musik, das Meer, den Wind in den Baumwipfeln. Wir würden über denselben Witz lachen. Einen Hund niedlich finden. Oder einen anderen fürchten.

Wir sind zu streng geworden in unserer Einteilung, wen wir zu unserer Peergroup zählen und wen nicht.

In der Menschheitsgeschichte gab es schon immer Peergroups, bei der Formung von Gesellschaften haben sie eine wichtige Rolle gespielt. Menschen gewähren anderen, die ihnen ähnlich sind, Zugang zu Ressourcen und Hilfe. Fremden begegnen sie erst einmal misstrauisch, behandeln sie oft schlechter als Freunde und Gleichgesinnte. Im Mittelalter war man schon skeptisch, wenn jemand nicht aus demselben Ort kam. »Fahrendes Volk« war ein Schimpfwort.

Als sich dann aber die Städte entwickelten, wo viel mehr Menschen unterschiedlicher Herkünfte zusammenkamen, mussten Wege gefunden werden, wie man trotzdem miteinander auskam. Und es hat funktioniert. Wir haben uns gegenseitig mit Ideen befruchtet, haben uns für Projekte zusammengeschlossen. Auch ich glaube an die Zusammenarbeit von Verschiedenen. An Neugier aufeinander. An Austausch und Mut. Das Zugfahren erinnert mich jedes Mal daran.

Denn es gibt sie noch, die Freundlichen. Von denen reden wir zu wenig. Einmal erlebte ich zum Beispiel eine Zugbegleiterin, die sich zu einer Gruppe Jugendlicher setzte und mit ihnen »Stadt, Land, Fluss« spielte. Sie konnte es gut, die Jugendlichen staunten, wie ihr so schnell passende Begriffe einfielen. Sie erzählte, dass sie das Spiel öfter mit ihrem Verlobten spiele. Zwischendurch lief sie immer mal zur Tür, trat nach draußen, pfiff und ließ den Zug wieder anfahren. Dann kehrte sie zur Spielrunde zurück.

Sie fragte die Jugendlichen nach ihrem Alter, stellte fest, dass ihr Fahrschein nicht gültig war, und ließ sie lachend nachbezahlen. Sie sagte: »Es ist keine Schande, gegen eine Dreißigjährige zu verlieren. Wenn ihr viel übt, werdet ihr auch so gut. Bei der Kategorie ›Beruf‹ zum Beispiel: Denkt einfach an einen Gegenstand, sagen wir, einen Gegenstand mit ›P‹.«

»Pappe«, sagte einer der Jugendlichen.

»Siehst du, dann schreibst du: Pappenverkäufer. So einfach ist das.« Sie verabschiedete sich und ging weiter durch den Wagen. Was diese Frau an Sonnenschein verbreitete!

Oft tun wir im Zug so, als würden wir einander nicht wahrnehmen. Aber manchmal lächeln wir uns eben auch an, wenden uns einander zu. Da werden für nicht Sprachkundige die Durchsagen übersetzt, Reisende sagen Eltern, dass die Kinder toll durchgehalten haben. Jemand begleitet spontan einen Gehbehinderten zum Platz. Kinderwagen werden ausgeladen, Koffer einer älteren Dame werden hochgewuchtet, »wo steigen Sie denn aus?«, fragt der freundliche junge Mann und verspricht, ihr die Koffer dann wieder runterzugeben. Die Dame bedankt sich und verrät ihm ihr Alter, er bewundert sie, und sie ist ein wenig stolz darauf, immer noch Bahn zu fahren.

Wie oft haben mich Fremde gebeten, kurz auf ihren Computer oder ihr Gepäck aufzupassen, und ließen mich dann damit allein. Wir haben Vertrauen zueinander.

Natürlich gibt es auch die Reisegruppen und Junggesellenabschiede, die einem mit ihrer hemmungslosen Fröhlichkeit auf die Nerven gehen. Die Gruppe von vier Frauen, die gleich nach dem Einsteigen wild schnatternd die Sektflöten auspackt, wird mir in den nächsten Stunden zur Last fallen. Oder der Geschäftsmann, der seine Befehle so laut ins Telefon bellt, dass der ganze Waggon gezwungen ist, an der Sitzung teilzunehmen.

Hier ein Originaltelefonat, mitgeschrieben im Zug, was nicht schwer war, weil der Herr statt in sein Handy mit seinen weißen Funkkopfhörern auf den Ohren laut in den Raum sprach:

»Der Kollege Puschmann ist diese Woche vollständig ausgefallen, kom-plett!

Der hat eine Narkose nicht gut vertragen und muss jetzt sehen, wie er seinen Blutdruck wieder in Ordnung bringt. Ja, genau. Er hat ja sowieso oft Probleme mit seinem Bluthochdruck.

Wir haben die Mail da, ich habe das mit dem Moser besprochen. Wir haben sie noch nicht gespielt, aber schon mal angekündigt beim Huber, der war gar nicht amüsiert. – Das ist der Chef vom Ölschläger. – Ja, genau. Das ist der Punkt, der hat gar kein Standing bei seinem Abteilungsleiter. ... Ihr kriegt jede Woche von uns eine Mail mit siebenundfünfzig Punkten, die noch nicht in Ordnung sind.

Alles klar. Ja! Ja.
Alles klar. Ja.
Ciao.«

Ich wundere mich, wie unterschiedlich das Gespür in uns Menschen ausgeprägt ist, ob wir gerade anderen auf die Nerven fallen. Mal wieder wünsche ich mir, mutig genug zu sein, um aufzustehen und zu sagen: Leute, ihr seid hier nicht allein im Zug.

Ich tue es nicht. Meine Frau hätte ihn längst darum gebeten, doch bitte leiser zu sprechen. Ich werde nie vergessen, wie sie zu einem Tätowierten ging, der so laut Musik hörte mit seinen Kopfhörern, dass wir alle mithören mussten, und ihn bat, die Musik leiser zu stellen. Ich war mir sicher, er würde aufbrausen und ich würde Lena verteidigen müssen und mir von ihm einen Fausthieb einfangen, ich sah es bereits wie einen Film vor mir. Aber er war nett, er drehte runter.

Es wird immer so etwas geben: ein Kind, das weint, einen Mann, der telefoniert, laut schnatternde Fahrgäste, ein Handyspiel, das Töne von sich gibt, jemanden, der ohne Kopfhörer Fußball guckt, jemanden, der zu viel Platz für sich in Anspruch nimmt.

Vom Dramatiker und Schriftsteller Tankred Dorst

stammt der Satz: »Wer lebt, stört.« Auch ich lebe. Auch ich störe andere. Einmal sagte mir ein Mitfahrer, mein Mausklicken habe ihn gestört. Was für ein guter Hinweis! Daraufhin habe ich mir für die Zugfahrten eine Maus gekauft, die lautlos klickt.

Aber auch die Liebe zu anderen lässt sich lernen. Den Widerwillen gegenüber Fremden zu überwinden und ihnen ihr Vergnügen zu gönnen, übe ich bei jeder Sektflötengruppe. Manchmal gelingt es mir schon ein wenig. Mir muss eine solche Begegnung keine Giftspritze von Hass ins Herz jagen. Ich kann mich in die anderen hineinversetzen und erahnen, wie viel ihnen diese Zugfahrt bedeutet, während sie für mich nur eine von vielen ist. Ich muss mich nicht auf die Unzulänglichkeiten und Armseligkeiten des Menschenlebens fokussieren, muss nicht das Bekritteln und »Erziehen« der anderen zu meiner Aufgabe machen, sondern versuche, barmherzig zu sein. Ich will von all dem Guten zeugen, das in uns Menschen steckt.

Und es gibt diese wunderbar menschlichen Situationen: Erfurt Hauptbahnhof. Eine Frau ruft die Rolltreppe hoch: »Peter, willst du auch einen Kaffee?«

Anstelle von Peter antwortet ein Wildfremder: »Ich würde einen nehmen.«

Die ganze Rolltreppe lacht.

Er setzt nach: »Mit Milch und Zucker, bitte.«

Die Menschen sind aus dem Sich-Ignorieren herausgefallen, das sie sich antrainiert haben.

Ein paar Minuten später ruft ein Kind am Bahnsteig

aufgeregt und überglücklich: »Vorsicht! Gleich kommt der Zug!«

Jetzt sind wir an das Lachen schon gewöhnt. Jemand sagt: »Danke sehr.«

Anderntags habe ich eine Lesung im Alten Land bei Hamburg, pünktlich zur Apfelblüte. Im ICE von München nach Hamburg versorgt uns eine nette Zugbegleiterin mit kleinen Schokoladentafeln und bringt Kaffee. Kurz vor Hamburg sammelt sie die Kaffeetassen ein. Die Art, wie sie spricht, erinnert mich an eine Freundin in Cottbus, sie spricht schnell, moduliert stark, ist dabei herzlich, authentisch, fröhlich – es ist angenehm, so einem Menschen zu begegnen. Ihre Haare sind gefärbt, die Locken sind zuckerwatterosa.

Als wir in Hamburg-Harburg halten, steigt sie aus und stellt sich mit ausgebreiteten Armen in den Frühlingswind, wie Rose in *Titanic* im Bug des Schiffes, und genießt die milde Luft.

Ich muss umsteigen in Richtung Stade, ich lache und sage: »Herrlich, oder?«

»Ja«, sagt sie, und es ist schön, dass wir uns als Menschen wahrnehmen, unabhängig von unseren Rollen als Dienstperson und Reisender. Die Luft ist warm, weich und voller Hoffnung.

Ich habe einen Traumberuf. Zu Recherchen für meine Romane war ich in Portugal, in der Türkei, in Griechenland und England. Ich habe ein Büro, das ich mit niemandem zu teilen brauche, und kann mich seit zwanzig Jahren ausschließlich Themen zuwenden, die mich selbst interessieren. Mein Berufsleben besteht daraus, Neues zu lernen und es auf angenehme Weise weiterzuerzählen. Ich bin ein Glückspilz!

Nur vergesse ich das oft. Ich sitze an meinem Schreibtisch und zerbreche mir über eine Romanpassage den Kopf und wünsche mir, in einem Verlag zu arbeiten oder als Programmierer oder irgendwo sonst, wo die Aufgabe klarer gestellt ist und es mehr Unterstützung und mehr Teamarbeit gibt. Jedes Mal, wenn die Bahn um Quereinsteiger wirbt, prüfe ich, ob ich als Lokführer infrage käme und was ich da verdienen würde, ob es genügen würde, um die Familie zu ernähren, und ich stelle mir vor, dem Zeitplan zu folgen und meine Passagiere in ihre Städte zu bringen und abends zu wissen, dass ich es gut gemacht habe und alles in Ordnung ist, ohne diese nagenden Zweifel, ob das Buch etwas werden wird und ob ich den Abgabetermin einhalten kann.

Ich las einmal in der Zeitung von zwei Musikern, Mann und Frau, die ihren Beruf aufgegeben haben, um stattdessen Straßenbahn zu fahren – wegen genau dieser Unsicherheit. In kreativen Berufen weiß man nie, ob die Arbeit gelungen ist. Als Straßenbahnfahrerin sei es anders, sagte die Frau. Wenn sie niemanden umgefahren habe und an den Haltestellen die Türen geöffnet habe und ihre Strecken richtig abgefahren sei, dann wisse sie, der Tag war gut.

Aber wegen dieser Unsicherheit gleich den Beruf wechseln? Oft erscheint uns das, was wir gerade nicht haben, traumhaft. Und wir täuschen uns dabei.

Ich bin froh, dass ich meinen abenteuerlichen, wunderbaren Traumjob als Autor nicht aufgegeben habe in den schweren Stunden. Ich erinnere mich selbst daran, was gut an meinem Beruf ist. Vielleicht ist das ein Lebenstrick: sich immer mal wieder an das Gute zu erinnern.

Wir pflegen heute ein Untergangs-Narrativ. Wir haben das Gefühl, der Karren steckt im Dreck und wir kriegen ihn da nicht mehr heraus. Ich möchte dem ein Wertschätzungs-Narrativ entgegensetzen.

Ich liebe die Lesungen. Ich liebe die Recherchen, die Gespräche mit so vielen spannenden Menschen. Ich liebe gedruckte Buchstaben auf Papier, und dass ich hier Worte aufschreibe, die Sie später in einem Buchladen mitnehmen und in Ihrem Lesesessel aufnehmen können, und dabei fliegen meine Gedanken zu Ihnen – wenn man zaubern könnte, müsste man genau so einen Zauber erfinden.

Und ich liebe es, mit der Bahn zu fahren. Ich sehe aus dem Fenster und sehe entspannt in die Landschaft und weiß, ich komme meinem Ziel näher, ohne etwas dafür leisten zu müssen. Ich habe Strom und einen Tisch und ein Bordrestaurant, und vom Bahnhof ist es meist nicht weit zum Hotel.

Wenn ich die Vorteile nicht vergesse, dann versinke ich nicht in einer Giftbrühe von Zorn wegen der Nachteile.

Mir selbst geht es so. Ich sehe ein Kleinkind den Gang entlangtappen, es sieht jeden an aus strahlend blauen Augen, hält sich an den Armlehnen fest und staunt uns ins Gesicht, schwankend, weil es noch unsicher steht, die Mutter hinter ihm, immer bereit, es aufzufangen, und ich lächle auch, ich kann gar nicht anders. Als Erwachsene haben wir uns abgewöhnt, länger Augenkontakt zu halten zu Fremden, es wäre ungehörig, jeder ist in seiner privaten Blase, aber dieses Kind sieht uns neugierig in die Augen, und wir kriegen von seinem Strahlen etwas ab, es hat es weitergeschenkt wie eine kleine Sonne.

Ich habe angefangen, abends mit den Kindern die *Tagesschau* zu gucken. Lena findet, sie sind noch zu jung, aber ich möchte, dass sie die Realität kennenlernen und dass sie lernen, wie man sich informiert. Sie kennen sonst nur Disney+ und YouTube. Ich selbst habe auch in diesem Alter begonnen, mit meinem Vater die Nachrichten zu schauen.

Ich möchte meine Begeisterung für lineares Programm mit ihnen teilen und habe ihnen erklärt, dass, wenn wir um acht Uhr einschalten, viele andere zur gleichen Zeit die Sendung sehen und dass die Sprecherin gerade wirklich diese Dinge sagt. Seitdem ist Felix ganz begeistert und fragt jedes Mal, wenn wir die *Tagesschau* beginnen: »Und das sagt sie gerade jetzt, in diesem Moment?«

Natürlich haben wir auch mal eine aufgezeichnete Nachrichtensendung in der Mediathek geguckt. Aber es ist nicht dasselbe, finde ich. Mir gefällt der Gedanke, dass gerade Millionen andere ebenfalls zusehen. Ich mag die Gemeinschaft, die dabei entsteht. Ich mag auch lineares Radio, weil ich weiß, Hunderttausende hören mit mir gemeinsam diesen Beitrag im Deutschlandfunk, und ich fühle mich mit ihnen verbunden.

Die Kinder sagen manchmal, wenn sie etwas nicht verstehen: »Stopp mal, Papa«, und ich erkläre dann, dass man nicht stoppen kann und dass sie mich hinterher fragen sollen. Wahrscheinlich geht es doch, aber im Kino oder Theater stoppt man auch nicht und kann sich seine Frage merken.

Wir tun heute so gern Dinge allein, individuell. Wir folgen unserer momentanen Laune, was die Musikstücke angeht, statt der Auswahl eines Radioredakteurs. Wir suchen spontan die Filme, die wir sehen wollen. Wir erwarten, dass die Nachrichten nach unseren Interessen zusammengestellt werden in einem persönlich auf uns zugeschnittenen Feed. Die Welt soll sich unserem Geschmack unterwerfen.

Da empfinde ich eine seltsame Freude, wenn ich im Radio höre, was gerade läuft. Wenn ich mit Themen überrascht werde, die nicht auf mich zugeschnitten sind, die meinen Horizont erweitern, die mich herausfordern.

Und das Gemeinsame freut mich, das Teilen einer Sache mit vielen anderen. Mein Schwager hat sich ein Heimkino gebaut mit großer Leinwand und Sound aus vielen Boxen, und es ist ein Genuss, dort mit ihm einen Film zu sehen. Aber das Kino, in dem man den Film mit vielen anderen, auch Fremden, teilt, bleibt für mich etwas Besonderes.

Und eben auch das Reisen im Zug. Wir fahren in die gleiche Richtung, zufällig zu einer Reisegesellschaft vereint.

Im ICE von München nach Dortmund suche ich meine Platzreservierung und finde sie bei einer kleinen Familie: Vater, Mutter, etwa zehnjähriges Kind. Sie sehen meinen Blick, gleich springt der Junge auf und macht mir Platz, damit ich durchschlüpfen kann.

Eigentlich will ich arbeiten. Ich schließe mein Notebook an den Strom an, hole das *Nürnberger Tagebuch* heraus, das ich gerade durcharbeite, die Berichte des Gerichtspsychologen der Nürnberger Prozesse.

Sie fahren bis Fulda, wir werden die nächsten drei Stunden zusammen verbringen, zu viert an einem Tisch. Ich wende mich an den Jungen neben mir und frage ihn, wie alt er ist.

»Ich bin zehn, bald werde ich elf, am zweiten Mai«, sagt er.

Ich erzähle ihm von meinen Söhnen.

Sofort bin ich im Gespräch mit den Eltern. In welche Klasse meine Kinder gehen und in welchem Alter wir sie eingeschult haben, fragen sie. Dann rede ich mit dem Jungen über Minecraft. Ich habe es selbst mal gespielt, wir verstehen uns gut. Er zückt eine Lego-Minecraft-Zeitschrift und sagt: »Vielleicht können Sie mir zuhören, wenn ich vorlese.«

Die Eltern lachen beschämt, ich lache auch. »Leider muss ich arbeiten«, sage ich. »Aber du kannst gern laut vorlesen, deine Eltern hören dir zu, und ich setze mir die Kopfhörer auf.«

Ich erzähle, dass mein Sohn Felix auch immer nur Klavier üben will, wenn ich danebensitze und ihm zuhöre.

Sie sehen mein Buch, fragen, ob ich Historiker bin.

Ich erzähle, dass ich zu einer Lesung fahre.

»Vielleicht wirst du auch mal Autor«, sagen sie zu ihrem Jungen.

Ein Hund reist mit, er kam schon vorbei und hat sich uns angesehen. Der Mann vom Bordrestaurant bietet Getränke an. Die Hundehalterin fragt er freundlich, ob sie für den Hund Wasser brauche?

Jetzt werde ich noch einen Scherz machen, dann setze ich mir die Kopfhörer auf und arbeite. Aber ich freue mich, in netter Gesellschaft zu sein.

Sie entschuldigen sich, als sie ihr Essen auspacken. Ich sage, ich habe selbst welches dabei, und wir essen gemeinsam.

Als der Zug kurz vor Nürnberg 300 km/h erreicht, jubelt der Junge laut. Er hat lange lauernd auf das Display gesehen, das von der Waggondecke hängt. Die Wälder rechts und links des Zuges jagen vorüber.

Tatsächlich war die Geschwindigkeit der ersten Züge das entscheidende Argument für diese neue Art des Reisens. Durchschnittlich 30–50 km/h fuhren die frühen Eisenbahnen in England, ungefähr das Dreifache der bis dahin von den Postkutschen erreichten Geschwindigkeit.

Das klingt nicht nach viel. Aber stellen Sie sich vor, Sie haben für den Weg zur Arbeit bisher fünfundvierzig Minuten gebraucht, und ab morgen sind es nur noch fünfzehn Minuten. Und die Fahrt zu Ihren Eltern: Bislang waren es sechs Stunden, und plötzlich sind es nur noch zwei. Die ganze Welt rückt näher zusammen auf diese Weise.

Besonders schön beschrieb Heinrich Heine seine Erschütterung, als er miterlebte, wie die ersten Züge von Paris nach Rouen und Orléans fuhren: »So muss unsern Vätern zumut gewesen sein, als Amerika entdeckt wurde, als die Erfindung des Pulvers sich durch ihre ersten Schüsse ankündigte, als die Buchdruckerei die ersten Aushängebogen des göttlichen Wortes in die Welt schickte.« Und führt weiter aus: »Mir ist, als kämen die Berge und Wälder aller Länder auf Paris angerückt. Ich rieche schon den Duft der deutschen Linden; vor meiner Tür brandet die Nordsee.« Alles rückte näher durch die Bahn, weil man es schneller erreichte. Was bedeutete noch die Strecke, wenn die Zeit zusammenschmolz?

Zudem war es nun deutlich preiswerter, lange Strecken zurückzulegen. Die Kohle für die Dampflok war billiger als das Futter für die Kutschpferde.

Bald konnte eine Pariser Familie frühmorgens am Gare du Nord einen Zug zu den Stränden von Dünkirchen oder Saint-Quentin nehmen, einen Tag am Meer verbringen und spätabends nach Paris zurückkehren. Die Entfernungen schrumpften zusammen.

Wie war man vor der Erfindung der Dampflokomotive gereist? Zunächst einmal wanderte man zu Fuß. Im Mittelalter reisten nur Wohlhabende zu Pferd. Ab der frühen Neuzeit kam mit der Verbesserung der Straßen das Reisen mit der Kutsche auf und wurde im Laufe des 16. Jahrhunderts immer beliebter, zumindest Kaufleute reisten öfter im Wagen.

In England fuhren Ende des 18. Jahrhunderts selbst die unteren Bevölkerungsschichten schon mit der Postkutsche, es gab preiswerte Plätze auf dem Dach. Der Postkutschenbetrieb nahm fortwährend zu, man reiste mehr, und man wollte schnell reisen und nicht Wochen auf der Straße zubringen.

Von London fuhren im Jahr 1836 laut damaligem Postkutschenverzeichnis – einer Art Kursbuch, nur für Kutschenverbindungen anstatt für Züge – jeden Tag 342 Postkutschen in alle Richtungen ab.

In der Schweiz heißen die motorisierten Nachfolger der Postkutsche heute Postauto. Das Tochterunternehmen der Schweizer Post betreibt fast neunhundert Postautolinien mit über zweitausend Postautos.

In die Ferien fuhr man aber nur, wenn man sehr wohlhabend war. Für die breite Bevölkerung wurde das erst gegen Anfang des neuen Jahrhunderts realistisch. Wachsender Wohlstand und mehr Freizeit ermöglichten nun auch bürgerlichen Schichten Ferienfahrten mit der Eisenbahn. Man fuhr in die »Sommerfrische« ans Meer oder ins Gebirge, während Auslandsreisen weiterhin den begüterten Schichten vorbehalten blieben.

Das Reisen wurde zum einträglichen Geschäft für Hoteliers und die Verkäufer der erstmals im Kaiserreich aufkommenden Ansichtspostkarten.

Anfangs machte man sich noch Sorgen, ob die hohe Geschwindigkeit der Züge gesundheitsschädlich wäre. Man fürchtete, dass die ungewohnt schnelle Bewegung bei Reisenden eine Gehirnerkrankung, das sogenannte »Delirium furiosum«, hervorrufen könnte.

Bald legten sich diese Befürchtungen, und stattdessen siegte die Faszination für Geschwindigkeit – und nicht nur die der Eisenbahn. Hatte früher in den Arbeitersportvereinen der Kraftsport im Vordergrund gestanden, das Turnen am Barren oder das Bauen von Menschenpyramiden, so wuchs Ende des 19. Jahrhunderts das Interesse an Sportarten, in denen Schnelligkeit eine wichtige Rolle spielte: Rudern, Schwimmen, Eisschnelllaufen und vor allem Radsport. Man sah sich begeistert die Sprinter und Schwimmer an. Und später die Autorennfahrer.

Auch heute noch staunt ein Kind über 300 km/h und jubelt laut im Waggon. Und ich fahre für eine einzige Lesung von Bayern nach Usedom und am nächsten Tag zurück. Ohne Bahn kaum vorstellbar für mich.

Was 300 km/h wirklich bedeuten, begreife ich zum ersten Mal am Bahnhof Kinding in Bayern. Gerade habe ich sechzig Bibliothekarinnen des St. Michaelsbundes im Schloss Hirschberg meinen Roman *Das zweite Geheimnis* vorgestellt, jetzt warte ich am Bahnsteig auf den Zug nach Hause. Um die Anspannung abzuschütteln, lese ich Sciencefiction: *Spin* von Robert Charles Wilson. Es ist heiß, sicher dreißig Grad, und der Himmel ist blau.

Links vom Bahnhof erhebt sich der Schellenberg, ein hoher Bergsporn der Fränkischen Alb, schön bewaldet. Ich finde, Bäume sehen aus der Entfernung immer aus, als könne man sie streicheln.

Rechts geht es ebenfalls in die Höhe, der Bahnhof ist zwischen die Anhöhen gesetzt wie eine kurze Auftauch-Station für Züge aus der Tiefe. Schwarz gähnen die Tunneleingänge rechts und links.

Ein leises Donnern ist zu hören. Ich sehe vom Buch hoch. Ist das nicht ein Rauschen aus dem Schellenbergtunnel? Jetzt sehe ich die drei Frontlichter eines ICEs. Und schon schießt er aus dem Tunnel, er ist schneller bei mir, als ich zur Seite springen könnte. Ich bin erschüttert, während der Zug an mir vorüberjagt, meine Augen scheinen nicht zu funktionieren, das Bild verzerrt sich. Schon ist er wieder fort. Eingetaucht in den Irlahülltunnel.

Das sind vorbeirauschende 300 km/h, wenn man fest auf dem Boden steht. Ich kenne sie sonst nur fahrend, aus dem Zug heraus, wo sie sich erstaunlich ruhig anfühlen.

Eine Bibliothekarin, die vorhin unter den Zuhörern war, kommt die Rampe zum Bahnhof hinauf und fragt: »Na, lesen Sie die Konkurrenz?«

»Sciencefiction«, sage ich.

Benjamin Constant stellte 1824 in seinem Essay *De la religion* die Theorie auf, dass die Zivilisation immer neue Entdeckungen hervorbringt und die Gesellschaft mit jeder Entdeckung neue Genüsse findet. Diese Genüsse aber werden zur Gewohnheit und schließlich zum Bedürfnis der Menschen, und sie beschäftigen die Menschen irgendwann so sehr, benebeln sie, lullen sie ein, dass sie sich von den höheren Zielen und Gedanken abwenden und im Laufe weniger Generationen degenerieren. Dann bäumt sich die Zivilisation erneut auf, entdeckt etwas Neues, erreicht Großartiges, findet zu neuen Genüssen, die wiederum als Laster die Menschen in den Sumpf führen, bis die Zivilisation sich erneut daraus befreit. (Trotzdem solle man die Barbarei nicht vorziehen. Dass die Zivilisation Entdeckungen möglich mache, sei ohne ihre Kehrseite, die Laster, nicht zu haben.)

Diese Theorie mag sehr alt sein, und doch können wir sie gut auch auf unsere Gesellschaft übertragen: Die Handys haben uns Unabhängigkeit gebracht und helfen uns hundertfach. Aber sie lenken uns auch ab, zersplittern unsere Aufmerksamkeit, machen uns fahrig und unkonzentriert.

Wenn ich mir die Welt ohne Social Media vorstelle, ist sie besser, nicht schlechter. Wir träfen uns mehr persönlich, und es gäbe nicht die ständige Beschönigung des eigenen Lebens, indem man nur seine Highlights postet, was wiederum andere in Neid und Verzweiflung stürzt, weil sie meinen, unser Leben sähe immer so gut aus, während sie ihres als misslungen betrachten.

Die kurzen Clips auf YouTube und ähnlichen Plattformen und manches Handyspiel würde ich ebenfalls gern verbannen. Wir haben uns mit unseren Kindern gerade auf eine handyfreie Woche geeinigt, und sie lesen, lesen, lesen, dass es eine Freude ist.

Aber wenn ich mir die Welt ohne Schienen vorstelle, wie sie noch vor fünf Generationen war, also vor der Erfindung von Dampflokomotiven und Waggons und Signalen, ist sie nicht besser. Im Gegenteil, durch die Erfindung der Eisenbahn ist viel Gutes in die Welt gekommen. Wir sind verbundener, die Eisenbahn bringt mich der Schweiz, Frankreich, England näher, sie verbindet mich mit meinen Eltern, die an der Nordsee leben, und mit meinem Bruder in Berlin. Sie verbindet mich mit den Menschen im Zug.

Die Erfindung der Eisenbahn ist fest mit weiteren guten Errungenschaften verknüpft. Anfangs gab es einen »Ausguck« auf dem vordersten Waggondach, der die vorausliegende Strecke auf Hindernisse oder gar entgegenkommende Züge hin im Blick behielt. Die Dampfpfeife warnte außerdem weithin hörbar. Nachts zu fahren aber erschien zu riskant. Dann wurde der elektrische Telegraf erfunden, der die Koordinierung leichter machte. Zuerst wurde er nur bei Tunneln eingesetzt (die waren für die Menschen im Ausguck unmöglich zu überblicken), bald aber für die gesamte Strecke. Man teilte sie in einzelne Abschnitte auf und reichte Telegrafensignale von einem Signalhäuschen zum nächsten weiter, mit der schlichten Bedeutung, ob die Strecke frei war oder nicht, und verhinderte so Kollisionen.

Und eine weitere bahnbrechende Neuerung brachte die Einführung der Eisenbahn: Zuvor waren die Städte isolierter gewesen, man war weniger gereist, deshalb war es nicht nötig gewesen, die verschiedenen Ortszeiten aneinander anzupassen. Jede Stadt hatte ihre eigene Uhrzeit, die man am dortigen Sonnenstand ablas.

Bis 1893 gab es deshalb in Deutschland noch zahllose Zeitzonen. Das Deutsche Reich erstreckte sich über siebzehn Längengrade, jeder Längengrad bedeutete einen Unterschied von vier Minuten. In Köln läuteten die Mittagsglocken der Kirchen sechsundzwanzig Minuten später als in Berlin.

Insgesamt gab es von der West- bis zur Ostgrenze des Deutschen Reiches einen Unterschied von siebenundsechzig Minuten.

Reisende mussten ständig ihre Uhren umstellen. Solange der Verkehr zwischen den Orten so langsam vor sich ging und man so wenig reiste, störte das nur wenige.

Dann wurden zwischen 1840 und 1880 in Deutschland mehr als 33 000 Kilometer Eisenbahnschienen verlegt. Die Reiselust stieg, die Wirtschaft nahm Aufschwung. Ein ordentlicher Bahnfahrplan war aber kaum möglich.

Andere Länder hatten dasselbe Problem. In England bestimmte in den 1840er-Jahren jede der Bahngesellschaften eine vereinheitlichte Zeit für die Züge ihrer Firma. Im Zug führte ein Mitarbeiter eine Uhr mit dieser Uhrzeit bei sich, die Zeit reiste sozusagen mit. Das schaute man von den Schiffen ab, die in einem Schrank ein Chronometer mitführten – nicht um während der Schiffsreise die Uhrzeit zu kennen, sondern zur Positionsbestimmung.

In den USA war es ähnlich, jede Eisenbahnlinie hatte ihre eigene Zeit, meist die Lokalzeit des Sitzes der Gesellschaft. In Bahnhöfen, die von mehreren Linien angefahren wurden, waren Uhren mit verschiedenen Zeiten angebracht, in Buffalo drei Uhren, in Pittsburgh sechs. In der Hochphase gab es parallel zueinander mehr als siebzig verschiedene Eisenbahnzeiten in den USA.

Kleinere Länder und stärker zentralisierte hatten es da leichter. Frankreich, Belgien, die Niederlande, Dänemark und Norwegen verwendeten längst die Ortszeit ihrer jeweiligen Hauptstadt für den Eisenbahnverkehr.

Im Deutschen Reich richtete man 1871 bei der ersten deutschen Fahrplankonferenz eigens für den Eisenbahnverkehr fünf Zeitzonen ein. Trotzdem galt in jeder Stadt zusätzlich die eigene Ortszeit. Die Uhr am Bahnhof richtete sich also nach der badischen, hessischen, württembergischen, bayrischen, pfälzischen oder preußischen Eisenbahnzeit, während die Kirchturmuhr im Ort nach der lokalen Zeit läutete. Schaffner führten eine Uhr mit der »Innerer Dienst« genannten Zeit mit sich, die den Zug und seinen Fahrplan betraf, während der »Äußere Dienst« sich an den Ortszeiten am lokalen Gleis orientierte. Reisende hatten mithilfe ausgehängter Tabellen die Uhrzeiten umzurechnen. So startete der Neun-Uhr-Zug nach München beispielsweise pünktlich in Köln, wenn die Bahnhofsuhr 8:40 Uhr zeigte.

Schließlich einigten sich 1884 fünfundzwanzig Staaten der Erde auf eine neue Zeitordnung. Deutschland zögerte. Der Kaiser war verschnupft, weil der Null-Meridian durch die englische Sternwarte in Greenwich verlaufen sollte und nicht durch Berlin. Schließlich gab er nach, und das Deutsche Reich schloss sich 1893 dem neuen Zeitsystem an.

Die USA brauchten noch länger. Zwar hatte man sich auch dort auf die bis heute gültigen Zeitzonen geeinigt. Aber sie galten nur als Eisenbahnzeit. Erst 1918 wurden sie als Standardzeit gesetzlich eingeführt.

Durch die gemeinsame Zeit rückten in den Eisenbahnnationen die Städte noch einmal näher aneinander. Der wirtschaftliche und persönliche Austausch profitierte davon.

Verschiedene gültige Uhrzeiten am selben Ort sind für mich heute unvorstellbar. Ich kann es nicht einmal ertragen, wenn bei uns die Wanduhr in der Küche anders geht als der Funkwecker im Schlafzimmer. Und ich bin froh, dass ich auf einer längeren Bahnfahrt nicht dauernd die Uhr umstellen muss, weil ich von lokaler Zeitzone zu lokaler Zeitzone reise. Wir sind zusammengewachsen, dank der Bahn.

BELEHRT WERDEN

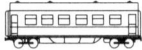

Im alex, dem Regionalzug von Landshut nach München, kommt nach dem Einstieg die Durchsage, in welchem Zug wir uns befinden und wo der nächste Halt ist. Ich höre nicht sehr aufmerksam zu, ich kenne diese Ansagen und filtere sie zuverlässig raus.

Dann, plötzlich, etwas Neues, ich horche auf: »Noch ein Hinweis für die in Landshut zugestiegenen Fahrgäste.« Das bin ich, ich bin gemeint. Wir sind nicht viele, die zugestiegen sind, vielleicht zwölf, das meint mich ja fast persönlich. »Bitte verteilen Sie sich beim Einsteigen auf die gesamte Länge des Zuges, damit wir in Zukunft zügig wieder abfahren können. Jeder Waggon hat zwei Türen!«

Du meine Güte. Ich versuche, mich zu erinnern, wie es an meiner Tür war, wir waren zu zweit oder zu dritt, haben wir Zeit verschwendet? Hätten wir uns aufteilen müssen? Ich fühle mich abgekanzelt.

Der nächste Halt: Moosburg. Der Bahnsteig ist leer, es steigen bloß drei Leute ein. Wieder schimpft die Zugbegleiterin, »ein Hinweis an die in Moosburg zugestiegenen Fahrgäste«, wieder belehrt sie: »Jeder Waggon hat zwei Türen!«

Sie kann nicht die aktuelle Situation meinen mit so wenigen Reisenden am Sonntagmorgen, sondern will es uns ein für alle Mal eintrichtern: Wenn Züge Verspätung haben, liegt es an euch. Denkt doch mal nach! Merkt euch endlich, dass ihr euch auf die gesamte Zuglänge verteilen müsst. Jeder Waggon hat zwei Türen.

Ich bemerke ein Schild am Durchgang neben mir, darauf eine durchgestrichene Hand, die mit Daumen und Zeigefinger etwas zu nehmen scheint: »Kein Diebstahl von Desinfektionsmittel und WC-Papier, auch andere Reisende möchten dies gern nutzen.«

Wie oft kommt es vor, dass jemand das Zugklopapier klaut? Wie viele betrifft dieses Schild, und wird es von denen, die es meint, überhaupt gelesen? Denken sie sich anschließend: Stimmt, ich sollte kein Toilettenpapier mehr stehlen, die anderen wollen ja auch noch.

Heute fühle ich mich wie dummes Reisevieh. Ich bin Teil einer Masse, die offensichtlich für stupide gehalten wird.

Der Aberwitz: Als ich in München aussteigen will, kleben an der Tür zwei gelbe Zettel. Die Tür ist defekt und kann nicht benutzt werden.

ZUGZEIT IST
GESCHENKTE ZEIT

Mein Bruder lebt seit vielen Jahren in den USA. Als ich ihn besuche, nimmt er mich zu seinem Freund Stephen mit. Wir setzen uns zusammen und plaudern. An Stephens Grundstück führt ein Schienenstrang vorüber, an einer Stelle wird er für kurze Zeit zweigleisig. Ein Güterzug hält mit dröhnenden Maschinen und wartet, um den Gegenzug vorbeizulassen.

Stephen ist Erfinder, und er will die Loks der Norfolk Southern Railway effizienter machen. Er sagt, er war baff, als er das erste Mal eine ihrer Loks öffnete. Ihr Inneres sah aus wie in den 1940ern. Die Loks sollten vor allem zuverlässig sein, die Eisenbahngesellschaft verdient am besten an ihnen, wenn sie immer unterwegs sind. Im Schnitt müssen sie alle fünfundvierzig Tage in die Werkstatt. Damit sind die Betreiber zufrieden, sagt er.

Da man diese Zuverlässigkeit nicht riskieren will – Zuverlässigkeit ist für die Bahn das Wichtigste, sagt Stephen –, soll er an ihrem Inneren nichts ändern. Der 4300-PS-Dieselmotor soll wie bisher den nötigen Strom erzeugen. Nur von außen darf er ihn verbessern.

Bisher werden bei den Loks, die in den USA in der Mehrzahl vor dem Jahr 2000 gebaut wurden, nur 35 % der Energie des verbrannten Diesels für den Antrieb und die elektrischen Anlagen, Pumpen, Ventilatoren und Kompressoren genutzt, der Rest wird in Form von Wärme – und bisher ungenutzt – an die Luft abgegeben. Also baut er einen Einsatz, der in das Abgasrohr der Lok versenkt wird und die abziehende Hitze nutzt, um Wasser zu verdampfen und Strom zu erzeugen. Auch die Hitze des Motors fängt er ab und nutzt sie, um zusätzliche Energie zu gewinnen. Seiner Firma, ThermaDynamics Rail, kann ich nur Erfolg wünschen.

Während wir reden, fährt der Güterzug wieder an, drei mächtige Dieselloks ziehen ihn, und Pico, Stephens Hund, springt um uns herum.

Das weit hallende Signalhorn der Eisenbahn ist für mich eng mit Amerika verbunden, seit mein Bruder vor zwanzig Jahren nach Kalifornien zog. Jetzt lebt er in Virginia an der amerikanischen Ostküste, ganz in der Nähe von Stephen. Der Ton des Signalhorns ist hier derselbe.

Wir sind mit der ganzen Familie in die USA gereist, und bald schon geht es wieder zurück nach Deutschland. Früh am nächsten Morgen erreicht mich eine E-Mail:

We wanted to let you know that train #134, scheduled to depart Manassas, Virginia on Monday, August 12th, has been delayed. The estimated arrival time is now 11:06 am, but trains can make up time during travel.

We're sorry for the inconvenience. Thanks for being a valued Amtrak customer – we'll see you onboard.

Um mit den Kindern die Zeit bis zur verspäteten Zugabfahrt herumzubringen, besuchen wir eine Mall. Sie schlagen mir bei Toys »R« Us jedes zweite Spielzeug vor. Ich kontere jeden ihrer Wünsche mit der Feststellung, das Spielzeug passe beim Rückflug nicht mehr in den Koffer.

Dann sind wir bei Walmart, und die Kinder wollen von ihrem selbst angesparten Geld eine Drohne kaufen oder einen ferngesteuerten Hubschrauber. Ich kann mich gerade noch damit herauswinden, dass ich behaupte, dass die in Deutschland gar nicht fliegen dürften.

Zu Hause verspüre ich manchmal einen selbstgefälligen Dünkel, wenn Leute im Zug ihre Plätze nicht finden. Manche scheinen überhaupt nicht nachzuschauen, ob sie im richtigen Wagen sind, und dann gibt es Debatten, weil jemand anderes auf »ihrem Platz« sitzt und nicht aufstehen will. Andere irren herum und suchen erst mal die Stelle, wo die Sitzplätze angeschrieben sind, und dann helfe ich ihnen und fühle mich wie ein Veteran.

Jetzt aber bin ich in den USA, mit meiner Frau, meinen Kindern und dem gesamten Urlaubsgepäck, und weil wir nach ein paar Tagen von New York aus wieder nach Hause fliegen werden, verabschiedet uns mein Bruder am Bahnhof in Manassas, und wir stehen am Gleis, und ich bin plötzlich derjenige, der sich fragt: Werden wir den richtigen Waggon finden und die richtigen Plätze?

Ich habe die Tickets schrittweise gebucht. Erst regulär, ohne Platzreservierung. Dann kam eine Werbemail: Wollen Sie nicht upgraden? Und ich buchte aus Sorge, dass wir zu viert mit unserem Gepäck keinen Platz finden würden, die Business-Class mit Sitzplatzreservierung. Prompt kam wieder eine Mail, als hätte ich im Lotto gewonnen, mit dem Betreff »Congratulations!« und dem Inhalt:

Hi Titus,
You have been upgraded.

Ein Gefühl, als wäre man befördert worden. Dabei habe ich die Tickets ja selbst gekauft. Amerikaner sind sehr geschickt, was so etwas angeht.

Wir stehen im winzigen Bahnhof und warten auf den Zug. Nervös frage ich im Visitor Center, von wo der Zug nach New York abfährt. Dabei gibt es nur zwei Bahnsteige. Die nette Dame erklärt es mir und sagt: Am Zug stehe nicht dran, wo er hinfahre. Der Schaffner werde aussteigen und über den Bahnsteig rufen, welcher Zug es sei.

Ich bin baff. Keine Anzeige am Zug? Und keine am Gleis? Der Schaffner ruft es laut über den Bahnsteig? Das ist ja wie früher! In meiner Novelle *Der Schneekristallforscher* erzähle ich von einer Eisenbahnfahrt nach New York, in einer Zeit, als am Bahnhof noch ein Sack aus dem Postwagen abgeworfen wurde, den der Gehilfe des Stationsvorstehers auflas und ins Verwaltungsgebäude trug: Briefe für die Region, aus den Städten, die der Zug bisher passiert hatte. Im Austausch hob der Stationsvorsteher einen Sack zu den helfenden Händen hoch, die sich aus dem Postwagen streckten.

Wie Wilson Bentley, der Held meiner Geschichte, werden wir heute in New York in den Bahnhof einfahren.

In der App entschuldigt sich Amtrak, das Eisenbahnunternehmen, nochmals für die Verspätung und listet auf, was sie tun werden, um die Pünktlichkeit auf dieser Strecke zu verbessern: Sie schreiben von einem »Plan to improve reliability between New Jersey and New York«, sie nennen »key efforts« und »immediate actions«, wollen die Oberleitungen zukünftig mit Helikoptern kontrollieren, Experten hinzuziehen, selbst CEO Stephen Gardner wird zitiert, er verstehe, was die Verspätungen für die Kunden bedeuten, und werde ihre Ursachen untersuchen und einen zuverlässigen Dienst wiederherstellen.

Noch bevor wir den Zug sehen, hören wir sein machtvolles Horn über die Landschaft schallen. Endlich kommt er in Sichtweite. Die drei Frontlampen strahlen aus der Ferne so stark, dass sie mich blenden, obwohl es Tag ist. Als der Zug in den Bahnhof einfährt, erschrecke ich vor seiner Größe. Allein die Lok muss doppelt so hoch sein wie ein ICE.

Die Türen öffnen sich, allerdings für den ganzen Zug nur zwei, eine mittig, eine weiter hinten. Bei der mittleren klappt eine afroamerikanische Amtrak-Polizistin eine eiserne Leiter herunter, hinten erledigt ein männlicher Schaffner dasselbe. Und tatsächlich: Er ruft die Nummer des Zugs und die Fahrtrichtung.

Der Einstieg ist steil, ich habe Schwierigkeiten, die Koffer hochzuwuchten. Der Schaffner hilft mir und den anderen Passagieren.

Das Zuginnere erscheint mir nicht großräumiger als in deutschen Zügen. Nur höher ist es, und die Gepäckablagen über den Sitzen fassen auch große Koffer mühelos. Wir schauen von weiter oben auf die Landschaft hinab. Und die Fenster sind winzig, bloß Schlitze mit abgerundeten Ecken. Die Scheiben sind etwas getönt, was einem das Gefühl gibt, in einem schützenden Nest zu sein. Drinnen herrscht Dämmerlicht, von ein paar Lampen unterstützt. Wir nehmen auf lederbezogenen Sesseln Platz.

In Kontrast zu dem rustikalen Ausklappen der eisernen Treppen und dem wuchtigen, schienenscheppernden Fahrgefühl stehen die »Customer Safety Instructions«, die auf unserem Platz ausliegen, ähnlich wie die Sicherheitskarte, die im Flugzeug in der Tasche vor einem steckt.

»If you see something suspicious or unusual, say something!«, steht in großen Buchstaben darauf. Und die Anweisung, den Schaffner anzusprechen oder die Amtrak-Police anzurufen – Amtrak verfügt über ein eigenes Police Department.

Es folgen einleuchtende Sicherheitsregeln, zum Beispiel, dass man seine Kinder an die Hand nehmen und nicht über die Schienen laufen soll, aber auch für deutsche Augen absurde Regeln wie: Tragen Sie immer Schuhe an Bord des Zuges. Und: Achten Sie auf Ihre Hände, Finger und Knie, wenn Sie das Tablett am Vordersitz herunterklappen und wenn Sie sich zwischen den Wagen und den automatischen Türen befinden.

Der Zugchef wirft, während er durch den Gang läuft, lässig sein Walkie-Talkie in die Luft, lässt es sich schnell drehen und fängt es wieder auf, alles, ohne hinzusehen, in einer raschen, tausendfach geübten Bewegung. Auch seine Ansagen sind cool, im Südstaatendialekt.

»Wir haben hier kurz vor Alexandria gehalten, weil noch Bauarbeiter auf den Gleisen sind. Wenn die *out of the way* sind, fahren wir weiter und erreichen in zehn Minuten Alexandria.«

Und als wir auf Washington zufahren: »Ladies and Gentlemen, beachten Sie, dass wir in Washington unsere Diesellok gegen eine elektrische Lok austauschen. Das wird ein paar Minuten dauern. In dieser Zeit ist der Zug ohne Strom, und die Toiletten spülen nicht. Wenn Sie also vorhaben, zur Toilette zu gehen, wäre jetzt ein guter Zeitpunkt.«

Alle Züge, die wir sehen, haben eine silbern glänzende Aluminiumhaut: der Virginia Railway Express, der doppelstöckige Amtrak-Zug mit Gepäckwagen und breiter, offener Lukentür in Washington und auch unser eigener Zug. Sie ist längs gerillt und dezent in den Farben der amerikanischen Fahne bemalt, mit ein paar dünnen roten und einem dickeren blauen Streifen.

Warum hat sich die Aluminiumschicht so durchgesetzt in den USA? Um in der Wüste die Hitze besser abzuweisen? Möglich. Es ist wohl auch billiger, das Außenblech nicht komplett farbig zu lackieren.

Als wir nach Washington hineinfahren, staune ich, wie angenehm kurz die Zugfahrt war, im Vergleich zur Autofahrt mit langem Stau, die wir vor ein paar Tagen auf derselben Strecke angetreten waren. Ein Kollege meines Bruders pendelt jeden Tag von Manassas nach Washington zur Arbeit und nimmt dafür den Zug. Jetzt verstehe ich, warum.

Ich frage in Washington die neu eingewechselte Schaffnerin, warum wir solche Verspätung haben. Sie sagt: »Ihr habt die Verspätung schon gehabt, ich bin gerade erst eingestiegen. Also sag du's mir!« Wir lachen.

Der neue Zugchef ist nicht so locker wie der alte. Er macht kurz vor dem Aufbruch in Washington klare Ansagen. Beim Telefonieren soll man im Flüsterton reden. Er möchte bitte eine Atmosphäre im Zug haben wie in einer Bibliothek. Er spricht ein sehr klares Englisch. Mir gefällt die Vorstellung des Zugs als rollende Bibliothek. Überhaupt, dass er eine Bibliothek als Vergleich wählt! Er hat meine Sympathie, auch wenn ich seinen coolen jungen Vorgänger lieber mochte.

Es wird sowieso viel zu selten von Bibliotheken gesprochen. Und Bahn und Bücher, das passte schon immer gut zusammen. Von Anfang an stimulierte der Bau der Eisenbahnstrecken den Verkauf von Büchern. Bereits 1848 begann das Buchhandelsunternehmen WHSmith die Reisenden in den Bahnhöfen mit Büchern und Zeitungen zu versorgen. 1849 enthielt die Bahnhofsbuchhandlung im Londoner Bahnhof Paddington tausend

Bände, hauptsächlich Romane. Der Verlag Routledge startete seine *Railway Library*, eine Romanreihe mit Werken von Alexandre Dumas, James Fenimore Cooper, Henry James, Nathaniel Hawthorne und anderen. In Frankreich eröffnete 1852 Louis Hachette erste Bahnhofsbuchhandlungen, um das Bedürfnis nach Reiselektüre zu befriedigen. Bereits zwei Jahre später betrieb er sechzig Filialen.

Bei den Stationsansagen taut der neue Zugchef auf, die macht er wie ein Zirkusimpresario. Er scheint sich über jede neue Stadt zu freuen, die wir erreichen, und präsentiert sie mit Begeisterung und lang gedehnten Vokalen. »Welcome to Philaaaa-del-phia!« Und: »This is Tren-toooon!«

Das Einzige, was mir fehlt, sind Müllbehälter zwischen den Sitzplätzen und bei den Tischen. Es gibt nur ein Müllfach am Ende des Wagens. Wenn Müll anfällt, stehen die Passagiere auf und gehen ihn wegbringen, jedes Mal mit würdevollem Gesicht.

Während in den Anfangsjahren europäische Bahnreisen lediglich Stunden dauerten und ausschließlich tagsüber stattfanden, fuhren amerikanische Züge, die ungleich weitere Strecken zu bewältigen hatten, bereits ab den 1830er-Jahren mit den ersten Schlafwagen. Damals wurden die Eisenbahnwagen im Winter noch mittels eines eisernen Ofens beheizt, der in ihrer Mitte stand.

Auf den weiten Strecken nach Westen fuhren bald Pullman-Wagen mit, die man auch »Palace Cars« nannte, mit Badezimmern inklusive Wannen und Duschen, mit Frisiersalons, Zofen und Dienern, Telegrafenbüros, Bibliotheken und Rauchsalons.

Die Union Pacific gab auf der Strecke quer durch den Kontinent sogar eine tägliche Bordzeitung heraus, wie man es von den Schiffen über den Atlantik kannte. Während der Fahrt wurden Gottesdienste und Konzerte veranstaltet, dafür reisten zwei Orgeln mit, die in die Wagen eingebaut waren.

Während sich in Europa das Wageninnere in den höheren Klassen an engen Kutschen orientierte, stand in den USA der Flussdampfer Modell. So luxuriös und großräumig, wie die Salons für die feine Gesellschaft auf den Flussdampfern waren, so komfortabel sollte auch das Reisen im Zug sein.

Unsere Fahrt mit Amtrak 134 Northeast Regional ist nicht komfortabel. Hinter Baltimore, vor der langen Brücke über den Gunpowder River, haut es uns fast aus den Gleisen. Ich bin nicht gewöhnt, dass ein Zug so durchgeschüttelt wird. Auch nach der wunderschönen Strecke über den Fluss rasen wir mit hoher Geschwindigkeit weiter, und es ruckelt von allen Seiten. Wir sind von hübschen Häusern umgeben, Siedlungen im Grünen, kein Vergleich mit der kriminalitätsgeplagten Stadt Baltimore, die ich wegen ihres hübschen Namens lieben wollte, die aber wegen der vielen Morde und schweren Verbrechen zu den gefährlichsten Städten der USA gehört und damit als Traumwohnort ausscheidet. Aus dem Zugfenster blicke ich auf Privatstege am Flussufer von Willoughby Beach.

Das ist das Schöne an dieser Strecke: die Fahrten über

die Flussmündungen wie die des Susquehanna River. Der weite Blick. Es ist jedes Mal, als würde eine schier endlose Brücke über ein kleines Meer führen, rechts und links nur Wasser und weit entfernt das Ufer. Da die Brücken nicht hoch sind, erscheint es, als würden wir mit dem Zug über das Wasser gleiten.

Die Flussmündungen führen alle in die Chesapeake Bay, eine zum Atlantik hin verlaufende Bucht zwischen der Delmarva-Halbinsel im Osten und dem nordamerikanischen Festland im Westen. Der Ursprung ihres Namens ist ein Begriff aus der Algonkin-Sprache der Indianerstämme Powhatan und Nanticoke, die hier ansässig waren und teilweise noch sind: Chesepiooc. Das Wort bedeutet »großes Wasser« oder benennt ein Dorf an einem großen Fluss.

Als Kind las ich mit Begeisterung Romane und Sachbücher über die Indianer Nordamerikas und versuchte, ihre Sprachen zu katalogisieren, eine Rechercheübung, die mir große Freude machte. Dass ich selbst einmal durch die USA reisen würde, konnte ich damals nicht ahnen.

Einmal schrieb ich während einer langweiligen Mathestunde auf einen kleinen Zettel: *Wollen wir nach Amerika fahren?* Den gab ich meinem Freund, und er schrieb: *Ja, unbedingt!* Natürlich war das undenkbar für uns als Bewohner der DDR, wir waren im eigenen Land eingesperrt. Schon der Plan war verdächtig. Ich weiß nicht mehr, ob er es weitererzählte oder ich, jedenfalls wurde prompt mein Schulranzen durchsucht, alles musste ausgepackt werden, jedes Heft, jedes Buch wurde durchgeblättert auf der Suche nach diesem Zettel, der mir bei der Direktorin ordentlichen Ärger eingebracht hätte. Glücklicherweise fanden sie ihn nicht.

Zurück zur Chesapeake-Bucht: Ganz in der Nähe wurde 1607 von englischen Kolonisten am James River die Kolonie Jamestown eingerichtet, die erste dauerhafte englische Siedlung in Nordamerika. Diese Bucht wurde 1781 zum Schauplatz einer entscheidenden Seeschlacht. Die französische Flotte besiegte damals die Royal Navy, sodass die Landtruppen des britischen Generals Charles Cornwallis keine Unterstützung bekamen. Am Ende konnten deshalb die USA ihre Unabhängigkeit gegenüber Großbritannien durchsetzen.

Als unsere Familie nach dem Ende der DDR ein Jahr in den USA lebte, besuchte ich einen Indianerhäuptling. Ich war fünfzehn Jahre alt. Er lebte in einem heruntergekommenen Wohnwagen. Voller Stolz erzählte er mir von seiner Herkunft.

Mein Bruder sagt, die Amerikaner beschäftigten sich heutzutage wenig mit den Ureinwohnern des Landes. Sie blendeten dieses Thema völlig aus.

Die amerikanische National Railroad Passenger Corporation, wie die Amtrak eigentlich heißt – Amtrak ist zusammengesetzt aus »America« und »track« –, wird als gewinnorientierte Gesellschaft geführt. Die Amtrak gibt es seit 1971, sie wurde damals vom Kongress gegründet, um privat betriebene Bahngesellschaften zu ersetzen, die alle unter hohen Verlusten litten.

Sie bekommt Subventionen in Milliardenhöhe von der Bundesregierung in Washington und von den einzelnen Bundesstaaten. Auf den kurzen Strecken macht sie Gewinn, auf den langen Überlandstrecken Verluste. Bei uns in Deutschland ist es genau umgekehrt, die Fernverbindungen machen Plus, die Regionalbahnen sind ein Zuschussgeschäft.

Auch heute noch macht die Amtrak Verluste. Auf ihrer Internetseite heißt es, Profitabilität gehöre nicht zu den in der Satzung festgelegten Zielen. Neue Züge oder grundsanierte Strecken gehören aber ganz offensichtlich auch nicht dazu.

Bis zum Ende des Zweiten Weltkriegs war die Eisenbahn in den USA eines der wichtigsten Verkehrsmittel, die Jahre der Besiedlung, der »Wilde Westen«, die Errichtung der großen Metropolen und das Reisen dorthin wären ohne Eisenbahn nicht möglich gewesen. Sie ist untrennbar mit dem Aufstieg der Nation verbunden. Erst das Aufkommen von Privatautos und die wachsende zivile Luftfahrt führten die Bahn aufs Abstellgleis. Heute ist sie nahezu nur noch für den Güterverkehr sowie wenige Reisezüge und Pendlerstrecken in den Ballungsgebieten relevant.

Das Schienennetz ist – in einem siebenundzwanzigmal größeren Land – ähnlich groß wie das deutsche. Es fahren so wenige Züge, dass man in der Amtrak-App nur den Tag und die Strecke angibt, nicht zusätzlich die Abfahrts-Uhrzeit wie bei uns. Von Manassas nach New York City sind es heute drei Züge, es ist leicht, sich den eigenen herauszusuchen.

Aber ein Umdenken hat begonnen. Joe Biden hat 2023 die größte Investition in den Schienenverkehr seit fünfzig Jahren bekannt gegeben. Das brachte ihm den Spitznamen »Amtrak Joe« ein. Er erhielt ihn aber auch, weil er fast vierzig Jahre lang als Senator mit der Bahn nach Washington pendelte.

Bald werden erste Hochgeschwindigkeitsstrecken entstehen, unter anderem zwischen Los Angeles und San Francisco. Auch die Strecke, auf der wir gerade fahren, soll erneuert werden.

Mir ist die Amtrak sympathisch, allein schon deshalb, weil sie ein Schriftstellerstipendium eingerichtet hat. Der Autor Alexander Chee sagte in einem Interview mit dem PEN, sein liebster Arbeitsplatz sei der Zug, und er wünschte, es gäbe Amtrak-Aufenthaltsstipendien für Autoren. Amtrak antwortete: »Klingt gut.« So wurde 2014 die Amtrak Residency for Writers geboren. Als das Programm startete, gab es binnen Kurzem 16 000 Bewerber, im ersten Jahr erhielten vierundzwanzig Autoren die Möglichkeit, im Zug zu schreiben.

Warum lieben wir Autoren das Zugfahren so sehr?

Ich glaube, es liegt daran, dass wir eine enge Verbindung zu Wörtern und Geschichten haben. An guten Tagen läuft es rund, aber wenn uns ein Kapitel missrät, schleichen wir um den Manuskriptausdruck herum und können es nicht ertragen, ihn auch nur anzusehen. Es ist eine Qual, die wir körperlich spüren bis hin zum Brechreiz. Überwinden wir uns und versuchen am Schreibtisch einen erneuten Anlauf, genügt es schon, ein oder zwei Zeilen zu lesen, dann müssen wir wieder aufspringen und uns vom Text entfernen, als müssten wir uns in Sicherheit bringen.

Oft hilft ein Ortswechsel. Ich knicke die Seiten des Manuskriptausdrucks mehrfach und stecke sie mir schludrig in die Manteltasche. Ich gehe nach draußen, schlendere in den Park und setzte mich auf eine Bank. Dort falte ich die Seiten wieder auseinander. Wie beiläufig zücke ich den Rotstift und arbeite. Es ist nicht mehr mein eigener geschätzter Text, den ich bearbeite, es ist der Text eines anderen. Rohmaterial, das geschliffen werden will.

Das ist ein Teil des Autorenberufs: sich immer wieder Kniffe einfallen zu lassen, wie man seine Versagensängste bezähmt. Manchmal hilft es, unwirsch und abschätzig mit dem Manuskript umzugehen. Dann kann ich als illusionsloser General die Wörter aufmarschieren lassen und die schwächsten unter ihnen abkommandieren. Ich schicke sie fort, streiche sie von der Gehaltsliste. Ganze Kompanien entlasse ich: Absätze, Szenen, halbe Kapitel, und es erfüllt mich mit Genugtuung.

Manche denken, ich schaffe viel, weil ich in zweiundzwanzig Jahren sechzehn Romane geschrieben habe. Aber ich schaffe nichts. Ich habe das Schreiben nicht im Griff, kontrolliere es nicht. Ich wurstle mich irgendwie durch und schwanke zwischen Verzweiflung und schierer Freude, Frustration und Dankbarkeit. Ich beginne den Tag mit absurden Ansprüchen an meine eigene Produktivität und wehre mich dann stundenlang mit jeder Faser dagegen.

Nur im Zug, da kann ich gut schreiben. Die Zeit im Zug ist keine offizielle Arbeitszeit, sondern Zeit, die ich dem Tag abluchse. Meine Aufgabe ist, in eine andere Stadt zu reisen, mein Lesen und Schreiben ist ein Glücksfall, ein Bonus. Zugzeit ist geschenkte Zeit. Der Druck überhoher Erwartungen löst sich hier auf. Das Schreiben ist nicht mehr so gewichtig, es sind nur Notizen auf einer Zugfahrt, ich brauche nicht jedes Wort akribisch abzuwägen. So entdecke ich die Freude am Schreiben neu. Es ist wie bei einem Ausflug. Auf der Picknickdecke schmeckt der Apfel, der vorher tagelang verschmäht in der Obstschale lag, himmlisch. Die Möhre, das Kuchenstück – alles erscheint kostbarer hier. Weil es nicht in Übermengen zur Verfügung steht und wir beim Picknick jedes Stück dankbar in den Händen halten.

Meine Arbeit erfordert, in das Unterbewusste einzutauchen. Dinge geraten auf die Buchseite, von denen mir nur zur Hälfte klar war, dass es sie in mir gibt. Die Einschränkungen der Zugreise helfen mir, diese beängstigende Erfahrung zu wagen.

Oft buche ich denselben gewohnten Sitzplatz. Da ist die Steckdose, da ist der kleine Tisch. Es ist wie in der Bibliothek: Man hat nicht sein ganzes Leben dabei, sondern nur die Bücher, die man gerade durcharbeitet, eine Flasche Wasser, das Handy und den Computer. Auf Reisen bin ich unbeschwert.

Dazu die Vorwärtsbewegung, das leichte Schaukeln, die Landschaften, die vorüberziehen und mich vom eigenen Alltag loslösen und das Leben mehr als etwas im Fluss begreifen lassen. Während ich arbeite, bin ich von anderen Menschen umgeben. Wir sind verschieden, aber wir teilen diese Reise. Wir sind nicht allein.

Ich kann die 16 000 Bewerber für das Amtrak-Stipendium verstehen.

Wir halten in Philadelphia, der Stadt, in der es die erste Bibliothek der Vereinigten Staaten gab. Und die erste Universität. Bis zum Jahr 1800 war Philadelphia die Hauptstadt. Hier wurde die Unabhängigkeitserklärung verabschiedet. Es war die größte Stadt und das kulturelle und wirtschaftliche Zentrum der Vereinigten Staaten, bis New York City Ende des 18. Jahrhunderts Philadelphia überholte.

Auf unserer Strecke fahren wir die drei meistgenutzten Bahnhöfe der USA ab, ohne dass ich es geplant hätte. Union Station in Washington, D. C., 30th Street Station in Philadelphia und Penn Station in Manhattan.

In Manassas sind wir eingestiegen, einem 40 000-Einwohner-Ort in Virginia. Und nach 4 Stunden und 52 Minuten Zugfahrt erreichen wir New York City, eine 9-Millionen-Einwohner-Stadt. Was für eine wundervolle Art, hier anzukommen.

In der Anfahrt auf Newark, New Jersey, sehen wir zum ersten Mal die Skyline von New York. Meine Kinder hängen an der Fensterscheibe und staunen. Jona ruft begeistert: »Ich war noch nie in so einer großen Stadt!«

Dann wird es dunkel, wir tauchen in einen Tunnel ab. Ich erwarte ein furchtbares Gewimmel und erkläre den Kindern, dass wir gleich im geschäftigsten Bahnhof Amerikas aussteigen und sie nah bei uns bleiben sollen, am besten an unserer Hand, damit wir uns nicht verlieren.

Aber als wir Pennsylvania Station erreichen, landen wir in einer hellen, erstaunlich ruhigen Marmorhalle. Der Bahnhof ist sauber wie ein Königsschloss.

Hier sollen jeden Tag 650 000 Passagiere ankommen oder abfahren?

Wir sind auf der anderen Seite der 8th Avenue gelandet, in der erst drei Jahre alten Erweiterung des Bahnhofs. Die Moynihan Train Hall ist hell und warm gestaltet. Durch das Glasdach sehen wir die sie umgebenden Wolkenkratzer.

Das gefällt mir am Bahnfahren: Man ist bei der Ankunft gleich mitten in der Stadt. Wir durchqueren die Halle zur 8th Avenue, verlassen sie durch breite Türen und stehen in Manhattan, umgeben von glänzenden sechziggeschossigen Hochhäusern. Die Straße vor uns ist stark befahren. Die Hälfte der Autos sind dottergelbe Taxis.

Ich wollte schon immer New York erleben. Ich habe Edward Rutherfurds New-York-Roman *Im Rausch der Freiheit* gelesen und das Buch *Das eingeschossige Amerika* von Ilja Ilf und Jewgeni Petrow, in dem sie von ihrer Ankunft in New York erzählen, habe einen Kanal mit New-York-Fotos auf Instagram abonniert und parallel zur *FAZ* die *New York Times*. In der Zeitung gibt es die Rubrik *The Hunt*, in der drei Wohnungen beschrieben werden, und am Ende wird verraten, in welche von ihnen das Pärchen oder der Suchende eingezogen ist. Ich frage mich jedes Mal, welche Wohnung ich ausgewählt hätte. Natürlich lese ich auch von den Preisen und weiß, dass wir es uns nicht leisten könnten, in New York zu leben. Ich seufze und träume trotzdem davon.

Wenn ich das Lena gegenüber erwähne, ist sie jedes Mal aufs Neue entsetzt. Sie würde ihre Familie zu sehr vermissen. Sie sagt dann im sanften Tonfall ihres kleinen Neffen: »Nein.« Er liebt das Wort, er sagt es mit einem schelmischen Grinsen. Wenn sie »Nein« sagt wie er, weiß ich, dass sie es nie verkraften könnte, so weit von ihm und seiner kleinen Schwester entfernt zu sein, und ich seufze noch einmal.

Am ersten Tag in New York laufen wir vom Bahnhof die 8th Avenue hinunter, und ich sehe mir die vielen Menschen an und höre sie reden und telefonieren. Abends liege ich in einem bequemen amerikanischen Bett. Es ist ruhig im Zimmer. In Gedanken sitze ich noch im Zug, fahre noch einmal in die Pennsylvania Station ein, laufe durch die Straßen von New York.

Doch hier soll es nicht um unsere herrlichen Tage dort gehen, den Central Park, in dem die Kinder Eichhörnchen gefüttert haben, oder den Besuch im Museum of Modern Art, bei dem Lena Rothko, ich van Goghs *Sternennacht* und die Kinder nach Hause mochten. Es geht nicht um meinen stundenlangen Besuch in einer Buchhandlung, um die Kirchen, die zwischen den Wolkenkratzern wie verzwergt wirken, und die interessante Mischung aus Männern in feinen Anzügen, Frauen mit Hund und Touristen auf den Gehwegen.

Es geht um das Reisen. Darüber mache ich mir auf dem Heimweg Gedanken.

Unser Flug ist erst um eine halbe Stunde verspätet, dann um eine Stunde, schließlich um anderthalb Stunden. Am Gate wird es wie ein fröhlicher Fakt angesagt.

Warum verzeihe ich Verspätungen beim Bahnfahren und bin beim Fliegen so ungnädig?

Es hat damit zu tun, dass wir bereits in einer zäh voranrückenden Schlange angestanden haben, um unsere Koffer abzugeben. Und dass wir dann noch mal in einer ziehharmonikaartigen Schlange vor den Bodyscannern anstanden, dass wir unsere Schuhe ausziehen mussten und das Handgepäck in zersprungene, hässliche Plastikwannen legen mussten. Danach waren wir viel zu früh am Gate, schließlich muss man bei Interkontinentalflügen drei Stunden vor Abflug am Flughafen sein, sagen sie. Wir saßen also bereits zwei Stunden herum, als man uns vergnügt sagte, dass es weitere anderthalb Stunden Herumsitzens bedarf, bis wir uns erneut anstellen können, um in kleinen Schritten zu einer weiteren Kontrolle (Tickets!) vorrücken und schließlich ins Flugzeug steigen zu dürfen.

Meine Geduld ist bereits strapaziert, ich habe nichts übrig an Großmut.

Die Hindernisse an Land leuchten mir ein: Ein Güterzug blockiert die Strecke, es sind Tiere auf dem Gleis, ein umgestürzter Baum hat eine Oberleitung beschädigt. Aber in der Luft? Es müsste doch genügend Platz vorhanden sein.

Selbst wenn der Flug nicht verspätet ist, besteht er erst einmal aus stundenlangem Warten. Deshalb fahre ich lieber mit dem Zug. Mir gefällt der Zustand des Unterwegsseins mehr als der des Sitzens und Wartens, bevor ich dann mit hoher Geschwindigkeit an den Zielort geschossen werde, um dort wieder zu warten, am Förderband, das nach endlos vielen fremden Koffern endlich meinen Koffer ausspucken soll.

Am Bahnhof muss ich auch manchmal warten. Aber dort ist das Warten anders. Ich muss nicht in höchster Aufmerksamkeit das Kreisen fremder Koffer beobachten, um meine eigenen zu finden. Ich werde nicht gegängelt.

Sagten früher die Lehrer: »Nehmt eure Hefte und Füller heraus und schreibt wie folgt«, dann tat das die ganze Klasse, außer ich. Dafür nahm ich strenge Rügen in Kauf. Bei Vertretungslehrern, die mich nicht kannten, rief mitunter die ganze Klasse in die Standpauke des Lehrers hinein: »Der macht das nie!«

Eigentlich war es albern: Ich merkte mir, was diktiert wurde, und das Heft holte ich ein paar Momente später hervor, in einem winzigen Akt der Rebellion, um es nicht auf Kommando tun zu müssen, sondern weil ich es wollte. Dann schrieb ich rasch auf, was ich verpasst hatte. So einer bin ich.

Warte ich am Gate und man erklärt wie im Kindergarten, wie wir uns anzustellen haben, empfinde ich Widerwillen. Mehrmals wird wiederholt, das Flugzeug sei sehr groß und transportiere über fünfhundert Gäste, deshalb ordne man die Passagiere sechs Gruppen zu, in der linken Schlange fänden sich jetzt bitte diejenigen ein, die zu Gruppe 3 gehören, in der rechten Schlange diejenigen der Gruppe 4, ich wiederhole, in der linken Schlange … Jetzt dürften bitte auch diejenigen kommen, die zur Gruppe 5 gehören …

Haben wir in unserer Gruppe brav angestanden und sind vorgerückt, werden unsere Tickets erneut kontrolliert, als müssten wir unsere Hausaufgaben vorzeigen. Im Flugzeug will eine Stewardess schon wieder das Ticket sehen, sie traut mir nicht zu, dass ich die nummerierten Sitzreihen entlanglaufe und meinen Sitzplatz finde, wie es im Kino ja zum Beispiel auch kein Problem ist.

Weil ich gestrickt bin, wie ich es bin, ärgert mich die Gängelei. Auch wenn sie die Einsteigezeit verkürzt und Chaos verhindert und vollkommen berechtigt ist. Ich befinde mich in einem für mich unangenehmen Zustand des Dirigiertwerdens, den ich in meinem Leben so gut wie möglich vermeide.

Ich funktioniere besser, wenn ich wie in meinem Beruf als Autor einen Vertrag unterzeichne und dann ein Jahr später das Buch abliefere, ohne tägliche Kontrollen, wie ich arbeite und wie weit ich bin. Ich funktioniere besser mit viel Handlungsfreiheit.

Ein ICE 4 transportiert bis zu 830 Passagiere, der dreizehnteilige ICE 4 hat sogar 918 Sitzplätze. Und jeder findet sich zurecht, dabei gibt es bloß den Wagenstandsanzeiger auf dem Display, oder man guckt in der App nach, wo der Wagen halten wird, in dem man reserviert hat oder sitzen möchte.

Ich weiß, dass die Anzeige manchmal falsch ist. Das sind keine schönen Momente, weil sich dann 800 bis 900 Menschen in entgegengesetzter Richtung durch den Bahnsteig wühlen müssen. Die Bahn nennt das »umgekehrte Wagenreihung« – ich nenne es ein kostenloses Fitnessprogramm für alle Reisenden.

Aber im Regelfall hält der Zug so wie angekündigt,

und es ist meine eigene Verantwortung, mich darum zu kümmern, dass ich da stehe, wo ich hinmuss. Das gefällt mir. Die Bahn traut mir zu, dass ich das kann. Überhaupt traut sie mir viel zu: rechtzeitig vor dem Umsteigen meine Sachen zu sammeln, mich auf dem Umsteigebahnhof zu orientieren, in den richtigen Zug zu steigen, meinen Platz zu finden. Obwohl das Reisen mit der Bahn deutlich älter ist als das Reisen per Flugzeug, erscheint es mir anspruchsvoller. Ich bin als Individuum unterwegs, nicht als Gruppe 3, 4 oder 5. Ich werde, wenn ich mich verspäte oder den Zug ohne mich fahren lasse, nicht namentlich am Bahnhof ausgerufen. »Letzter Aufruf: Passagiere Müller und Siebert bitte zu Gleis 24! Ihr Gleis schließt in Kürze.« Man stelle sich das mal vor! Diese Kindergarten-Aufrufe gibt es bei der Bahn zum Glück nicht.

Ich bin Gast einer Maschine, Besucher. Der Zug fährt, ob ich nun darin sitze oder nicht. Fahrgäste steigen ein, Fahrgäste steigen aus, sie benutzen den Zug für eine Weile, für einen Teil ihrer Reise, bevor sie auf einen anderen Zug wechseln oder ihren Zielort erreicht haben.

Die Züge fahren ihre Route ab. Bin ich aus Krankheitsgründen verhindert oder habe einfach spontan entschieden, nicht zu fahren, dann fahren sie ohne mich und niemanden kümmert es.

Manchmal sitze ich dann zu Hause und bekomme Nachrichten auf mein Handy, wo der Zug gerade ist, erfahre etwas von Verspätung, dann von wieder eingeholter Verspätung und wieder erreichbarem Anschlusszug – all das geschieht ohne mich, denn ich bin gar nicht dabei, und niemand hat es bemerkt.

Es gefällt mir, dass ich nicht wichtig bin beim Zugfahren.

Nehme ich das Auto, dann bin ich wichtig, dann geht es um mich, das Auto fährt nur meinetwegen, und ich trage Verantwortung und steuere es. Ich bin angespannt, bin im Fokus.

Im Zug entspanne ich mich.

Es tut gut, einmal nicht wichtig zu sein. Viel zu oft frage ich mich, wie es mir heute geht, ob ich gut schreiben werde, ob ich meine Freunde enttäusche, ob ich meinen Kindern gerecht werde und meiner Frau. Ob ich ins Büro fahren sollte oder zu Hause gebraucht werde, ob ich den Tag auf die richtige Weise verbringe.

Im Zug frage ich mich nichts, ich sitze da und die Maschine trägt mich durch die Landschaft, und ich darf unwichtig sein und klein und unbedeutend, mein aufgeblähtes Ego darf Luft ablassen.

Ungeübten gelingt das nicht gleich, sie schimpfen im Zug, es ist zu warm, zu kalt, der Zug fuhr nicht pünktlich ab. Ich bin eine andere Art Reisender. Ich entspanne mich und denke: »Ich werde schon ankommen«, und so ist es auch, ich bin bisher jedes Mal angekommen.

Nicht immer hat man eine Wahl. Der Flug über den Atlantik ist alternativlos. Aber wenn ich entscheiden kann, bevorzuge ich das Bahnfahren. Wenn ich bei innereuropäischen Strecken die Wahl habe, ob ich zwei Stunden warte, dann innerhalb von nur einer Stunde von A nach B gelange und anschließend wieder zwei Stunden warte, oder ob ich fünf Stunden im Zug unterwegs bin, bevorzuge ich den Zug. Mich beruhigt das

Unterwegssein. Aus dem Fenster zu sehen, zu wissen, wir kommen voran, und immer neue Landschaften und Städte zu sehen, tut mir gut.

Natürlich ist ein Fensterplatz im Flieger auch beglückend. Die Welt ganz klein zu sehen, kann die eigenen Probleme neu zu bedenken helfen. Aber wir sind nicht mehr in den Zeiten der frühen Lufthansa, wo es nur rechts und links je eine Sitzreihe gab und jeder einen Fensterplatz hatte und wo sich die Fenster der meisten Junkers-Maschinen sogar herunterkurbeln ließen. Flugreisen werden immer abgeschotteter, industrieller.

In der Zukunft, da sind sich Forscher und Konstrukteure einig, werden Flugzeuge keine Fenster mehr haben. So gibt es keine strukturellen Schwächen mehr im Rumpf, und das Flugzeug wird leichter, außerdem kann es höher fliegen und verbraucht weniger Treibstoff. Statt der Fenster soll es künftig Monitore geben, die die Außenwelt zeigen, in luxuriösen Flugzeugen sogar sechs Meter lange Bildschirme entlang der fensterlosen Seitenwände.

Das mag beim ersten Flug beeindruckend sein, aber ich bin sicher, dass sich irgendwann ein schaler Beigeschmack einstellen wird. Es bedeutet, auf der Reise noch weiter von der Welt entfernt zu sein. Wir sitzen bereits jetzt so viel vor Bildschirmen. Natürlich kann ich tolle Filme über andere Länder und Menschen gucken. Aber diese Filme habe ich am nächsten Tag wieder vergessen. Nur wirklich vor Ort zu sein, berührt meine Seele. Ich nehme hundertmal mehr wahr: den Duft der blühenden Bäume, den Wind auf meiner Haut, die Temperatur. Ich sehe Dinge an, die mich faszinieren, nicht die, die ein anderer mit dem Kameraauge für mich eingefangen hat. Auf unserer Amerikareise haben wir Monarchfalter und Schwarze Schwalbenschwänze und blau schillernde große Schmetterlinge beobachtet. Wir haben Schildkröten beim Sonnenbaden zugesehen. Wir haben Amerikaner kennengelernt, die uns in ihr Haus eingeladen haben, haben mit ihnen gegessen und geredet, bis die Sonne unterging. Wir waren auf dem Konzert der Collegeband meines Neffen und haben ihm zugejubelt. Wir haben Tischtennis gespielt und »Cornhole«, ein Spiel, bei dem man ein Säckchen in ein Loch in einem Brett werfen muss. Wir haben Alltag miterlebt: Reparaturen am Haus meines Bruders, Einkäufe, Schulwege.

Ich bin der Liebe wegen nach Bayern gezogen, Lena wollte dort nicht weg, und ich kann überall arbeiten. Um die Verbindung zu meinen Freunden in Berlin aufrechtzuerhalten, genügen Telefonate nicht. Ich fahre regelmäßig nach Berlin, mit dem Zug natürlich, und einmal im Jahr treffen wir uns in einem Ferienhaus, das wir gemeinsam mieten, und verbringen ein Wochenende zusammen. Echte Begegnung und echtes Erleben sind nicht zu ersetzen.

Beim Zugfahren durchquere ich Städte, blicke in Straßen, sehe Leben. Und ich kann jederzeit umplanen und aussteigen oder den Zielort ändern. Der Zug hält, öffnet seine Türen, lässt mich frei.

Und warum nehme ich nicht das Auto? Bietet es nicht noch mehr Freiheit? Für mich nicht. Selbst für die kurze, einstündige Strecke zu meinen Schwiegereltern bevorzuge ich den Zug. Autofahren erfordert von mir Aufmerksamkeit für eine Sache, die mich nicht interessiert. Ich muss andere Autofahrer beachten, Straßenschilder, mein Tempo, Ampeln. Im Zug dagegen kann ich aus dem Fenster sehen und meine Gedanken schweifen lassen, oder ich lese. Was in Büchern steht, ist für mich deutlich spannender als die Straßenschilder. Beim Lesen fokussiere ich mich auf eine höchst angenehme Weise, ich bin ganz bei der Geschichte und bin am Ende erholt und klüger.

Unterwegs zu meinen Eltern, die zehn Stunden entfernt an der Nordseeküste leben, haben wir alles ausprobiert. Wir sind nachts mit dem Auto gefahren, was den Vorteil hatte, dass die Kinder schliefen. Wir sind tags gefahren und haben immer wieder Rast gemacht und gegessen, um die Kinder und uns selbst bei Laune zu halten. Es blieb dabei: Ich brauche nach zehn Stunden Autofahrt einen Tag Erholung.

Wir haben es mit dem Nachtzug probiert, was wunderbar war, und mit dem Zug bei Tag, und das ist mir – gerade mit den Kindern – die liebste Variante. Wir haben einen Tisch und Spiele und eine Steckdose für den Computer. Und für mein inneres Gleichgewicht genügt ein Blick nach draußen: Wir sind unterwegs. Wir kommen voran.

Im Bordrestaurant sitze ich auch gern. Dagegen bin ich in Restaurants entlang der Autobahn immer angespannt, weil die halbstündige Pause bedeutet, dass wir noch später ankommen werden. Sagt ein Familienmitglied, es müsse zur Toilette, muss ich innerlich Unwillen niederkämpfen. »Schon wieder?«, frage ich und will wissen, warum sie nicht vor einer Dreiviertelstunde gegangen sind bei der letzten Rast. Ich will nicht so ungnädig sein, so ungeduldig – aber ich bin es. Das Autofahren macht keinen besseren Menschen aus mir, im Gegenteil.

Je schneller ich fahre, desto stärker krampfen sich meine Hände um das Lenkrad, ich muss jetzt hochaufmerksam sein, kann den Blick selbst im Gespräch mit Lena nie von der Fahrbahn abwenden, sie zappt durch die Radiokanäle, mein Nacken verspannt sich, ich beiße die Zähne zusammen und will bald ankommen.

Fahre ich mit dem Auto zu einer Lesung, zählt für mich die Fahrt zur Arbeit dazu, sie ist ein Teil der Anstrengung. Fahre ich mit dem Zug, ist die Fahrt davon losgelöst. Sie kann entspannend sein, oder ich bin fleißig, wenn ich das möchte. Vor allem kann ich das abwechseln: mich entspannen oder arbeiten. Ganz nach Laune.

DIE SANFTEN
HABEN ES SCHWER

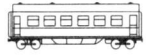

Einmal sah ich im Zug einen Mann, der zum Aussteigen aufstand und den Sitz seines Kragens prüfte, den Sitz seines Rucksacks, alles fuhr er mit den Fingern ab, und ich dachte: Meine Güte, ist der penibel. Dann sah ich, wie er zwischen zwei Sitze griff und zum Schluss noch einen Blindenstock hervorholte.

Ich täusche mich manchmal mit meinem ersten Urteil über Menschen. Gerade die Beobachtungen im Zug finde ich spannend. Sie helfen mir, mein Urteil zu schärfen, sie bringen mich in Verbindung mit der Welt.

Diese Verbindung ist natürlich nicht immer schmerzfrei. Nicht alle Menschen sind mir angenehm, nicht alle Begegnungen erfreuen mich.

Im Regionalexpress von Landshut nach München sagt der Zugbegleiter: »Ich dachte mir, ich komme gleich, ehe

Sie es sich bequem gemacht haben, dann muss ich nicht mehr stören.« Wir zeigen unsere Fahrkarten.

In der Reihe hinter mir schläft ein Betrunkener. Der Zugbegleiter weckt den Betrunkenen sanft und bittet um seine Fahrkarte. Ganz leise spricht er und behutsam.

»Verpiss dich«, sagt der Betrunkene.

Ich wende mich um. Der Zugbegleiter und ich sehen uns an. Ich lächle mitleidig.

Der Betrunkene ist wieder eingeschlafen. Erneut sagt der Zugbegleiter in ausgesuchter Höflichkeit – er hat etwas von einem Butler, finde ich –: »Darf ich bitte Ihre Fahrkarte sehen?«

Der Zugbegleiter tut mir leid. Er spricht zu leise, hat zu feine Manieren.

»Jetzt hau endlich ab«, sagt der Betrunkene. »Scheißausländer.«

Der Zugbegleiter hat dunklere Haut. Immer noch steht er neben dem Betrunken. Er sagt freundlich: »Ich werde nicht weggehen. Ich warte, bis Sie mir Ihre Fahrkarte zeigen.«

»Gibt es nich«, sagt der Betrunkene. Und er stößt ein paar Flüche aus, die ich hier nicht wiedergeben möchte.

Der Fall ist aussichtslos. Etwas später höre ich die Stimme des Zugbegleiters aus den Lautsprechern fragen, ob sich ein Polizist im Zug befinde.

Kein Polizist kommt. Wir lassen den Betrunkenen schlafen. Im Bahnhof München warten Polizisten am Gleis. Ich bin sicher, der Zugbegleiter ist froh, dass sie den Fall übernehmen.

Die Leisen, Sanften haben es schwer.

Mich stören im Zug schon die »Tastenhauer«, die jeden Absatz beim Schreiben mit einem lauten Hieb auf die Enter-Taste beenden müssen, um ihren Erfolg zu feiern oder den anderen im Zug mitzuteilen, wie fleißig sie sind. Sie arbeiten nicht nur, ihre Arbeit ist eine Show, eine Selbstpräsentation. Sie »schaffen was weg«. Ihr Tippen ähnelt trotz moderner Tastatur dem auf einer Schreibmaschine.

Ich bin auf der Rückfahrt von einem Radio-Interview in Berlin. In der Reihe vor mir schläft ein Kind. Eigentlich arbeite ich an einem Text. Gerade weiß ich nicht weiter, ich muss über die Szene, die ich schreibe, erst noch nachdenken. In der Reihe hinter mir: ein Aggro-Tipper. Er haut in die Tasten, vor allem die Eingabe-Taste am Ende jeder Zeile donnert er nieder, als würde er damit das bisher Getippte bekräftigen. Er schreibt schnell und viel. Sein Tastenkloppen macht mir bewusst, dass meine Tastatur gerade schweigt. Vielleicht will er sich selbst beweisen, dass er fleißig ist, dass da »was geht« bei ihm. Vielleicht hilft es ihm dabei, im Flow zu bleiben.

Ich habe immer schicke Anziehsachen dabei für die Lesungen, zu denen ich reise, für Abendessen mit den Verlagsmitarbeitern oder für Interviews. Für die Zugfahrt aber ziehe ich Alltagsklamotten an, oder noch eine Kategorie darunter, Kleidung, die ich »aufbrauchen« will.

Einmal wurde mir im Zug der Koffer gestohlen. Die Diebe werden enttäuscht gewesen sein, weil er außer zwei Büchern nur meine Waschtasche und Kleidung enthielt. Für mich allerdings hieß das, dass ich am Zielort, einer kleinen Stadt, vom Bahnhof direkt ins Kaufhaus rennen musste, kurz vor Ladenschluss. Die Etage war leer, ich war der letzte Kunde. Ich schnappte mir eine Hose, einen Gürtel, ein Hemd. Die Verkäuferin wird sich gewundert haben, dass jemand so kurz entschlossen einkaufte. Aber es wäre einfach zu peinlich gewesen, in meiner abgewetzten Reisekleidung auf die Bühne zu treten.

Meine Frau versucht, mich umzuerziehen, aber ich will tatsächlich Kleidung, die ich nicht mag, durch Gebrauch vernichten. Ich ziehe im Alltag immer wieder die Socken an, die ich nicht leiden kann, bis sie löcherig sind und ich sie wegwerfen darf. Um die guten Socken zu schonen. Ich habe ein Hemd, bei dem Lena die Augen rollt, wenn ich es anziehe. Statt es wegzuwerfen, trage ich es im Büro, wenn mich niemand sieht.

Ich bin nicht weniger schräg als die Tastenklopper, der Betrunkene oder die Gestrandeten, die ich nachts in Bahnhöfen sehe. Diese Menschen zwischen Mitternacht und Sonnenaufgang sind oft Weltschmerzträger, geschwächt und mit Kummer beladen.

Ich weiß, ich bin wie sie, nur auf andere Weise. Auch mein Herz ist manchmal »abgegrast wie im Herbst die Weide von all den Schafen, die darüber hinweggezogen sind«. (So schreibt das ganz wunderbar Gustave Flaubert in einem Brief an Louise Colet im Jahr 1846.) Auch ich habe manchmal das Gefühl, mein eigenes Leben zu verpassen, nicht mehr richtig da zu sein.

Sitzt man gegen die Fahrtrichtung, sieht man die Dinge nur, um Abschied zu nehmen, man lässt jeden Bahnhof zurück, jedes schöne Haus, jeden Baum.

Sitzen in Fahrtrichtung macht glücklicher, denn man sieht allem entgegen, was da kommt.

WAS MICH IN DIE FREMDE ZIEHT

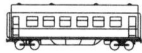

Reisen hat Einfluss auf das Denken und die Kreativität. Der gewonnene Abstand ermöglicht einen neuen Blick auf das Leben und eine größere Aufmerksamkeit, weil er von den Verstrickungen des Alltags befreit. Zudem fördert die äußere Bewegung auch eine innere, geistige Bewegung. Das ist beim aktiven Bewegen – zum Beispiel beim Spazierengehen – wissenschaftlich erwiesen, wirkt aber auch beim passiven Bewegtwerden. Unsere Gedanken und unsere Vorstellungskraft werden in Gang gebracht.

Ich mag es, im Zug zu sitzen, ich genieße nicht nur das Ankommen irgendwo, sondern auch den Aufbruch und das Unterwegssein an sich.

Ich suche neue Eindrücke. Und ich suche Sinn, das zieht mich in die Fremde. Ich will etwas finden, das für mich von tiefer Bedeutung ist. Oft finde ich es auf Reisen.

Steht man im Museum vor einem Gemälde und will es wirklich erfassen, hilft es oft, ein paar Schritte zurückzutreten, um das ganze Bild zu betrachten. Das Reisen leistet Ähnliches. Ich sehe das Leben klarer, nicht länger vernebelt durch die Alltagsanforderungen. Das hilft mir, den eigenen Standpunkt in der Welt neu zu bestimmen.

Reisen hilft gegen die Verzweiflung. Unterwegs kreist man weniger um sich selbst, man wird offener, knüpft Kontakte, bewegt sich.

Je vertrauter etwas ist, desto träger reagiert unser Gehirn. Unerwartete Reize dagegen wirken aktivierend auf uns, das ist gut erforscht. Bei vertrauten Dingen lässt unsere Aufmerksamkeit immer weiter nach, was auch nützlich ist, um Ressourcen zu schonen. Zu viel Vorhersagbarkeit im Leben lässt uns jedoch abstumpfen. Unser Gehirn ist neugierig: Es benötigt die Herausforderung.

Während wir uns an die immer gleichen Erfahrungen anpassen und davon im Laufe der Zeit weniger wahrnehmen, weckt das Reisen die Sinne auf. Die Neuartigkeit der Wahrnehmung regt uns an, wir sind gefordert, uns zu orientieren. Und da wir Abstand haben zu den Anforderungen des Alltags, sind wir weniger abgelenkt und damit offener für neue Reize. Ich genieße das Gefühl erhöhter Wachheit und Lebendigkeit beim Reisen.

Im Zug sitzend sehe ich aus dem Fenster und kann Dinge erkennen und mich überraschen lassen von dem, was ich sehe. Am Bahnhof Dresden-Bischofsplatz zum Beispiel fährt der Zug an mehrgeschossigen Stadthäusern so dicht vorbei, dass man meinen könnte, es sei extra für die Bahn eine Schneise geschlagen worden, eine Schneise durch das Dickicht aus Häusern. In einem Fenster sind zwanzig Brettspiele aufgeschichtet, ich versuche, im Vorbeifahren zu erkennen, welche es sind. Es gibt unaufgeräumte Balkone und adrette, und manche sind fast schon zu penibel gepflegt.

Warum sehe ich das gern? So streife ich fremde Leben, ich frage mich: Wie muss es sein, dort zu wohnen? Ich werde aus meinem eigenen Leben herausgelöst, um neu hineinzufinden, ein Prozess, den ich am Reisen liebe. Im Vorbeifahren nehme ich Hunderte Leben wahr, es erinnert mich daran, dass wir alle nebeneinander und miteinander leben. Das tut mir gut.

Bei der Fahrt durch die Natur, wenn durch die höhere Geschwindigkeit die nahen Sträucher, Blumen und Zäune verwischen, richte ich meinen Blick auf die weiter entfernten und damit langsamer passierenden Landschaften. Das hat ebenfalls seine Schönheit. Es ist beruhigend und wohltuend, Seen, Wälder, Hügelzüge zu betrachten. Sie bleiben fern und in ein Geheimnis gehüllt.

Das Reisen schärft den Blick auf die Schönheit der Welt, weil es eine kleine Fremdheit in sich trägt. Man sieht mit neuen Augen auf die Dinge und erkennt in den Details, die vom Vertrauten abweichen, das Besondere am eigenen Leben. Über fremde Städte und fremde Menschen lässt es sich wunderbar staunen. Und dann, im zweiten Schritt, über sich selbst.

Rauszugehen und sich auf die Welt einzulassen, sich

in ihr zu orientieren, ist gesund für uns. Wir sind oft zu stark auf uns selbst fokussiert und grübeln in Dauerschleife über dieselben Themen. Eine Reise mit der Bahn bringt uns äußerlich und innerlich in Bewegung.

Ich höre es, wenn wir uns einer größeren Stadt nähern. Die Menschen im Waggon werden unruhig. Sie rascheln, sie reden. Eine Veränderung steht bevor. Manche werden aussteigen, sie stellen sich darauf ein, anzukommen. Wartet eine leere Wohnung auf sie? Oder eine Begegnung? Eine Aufgabe? Wieder andere haben einen Anschlusszug zu erreichen und sehen alle drei Minuten auf die Uhr. Die Übrigen sehen sich um: Wer geht? Wer kommt? Sie heben neugierig den Blick.

Manchmal stoppen wir auch im Nirgendwo. Einmal bleibt der ICE im kleinen Ort Reußen stehen, ein außerplanmäßiger Halt. Ich sehe aus dem Fenster. Ein Huhn hat es auf den Maschendrahtzaun des Hühnerstalls geschafft. Es balanciert auf dem wackelnden Zaun entlang und schaut auf seine Kumpaninnen hinab, die unten verlegen picken. Irgendwann würde ich mir gern Hühner anschaffen. Ich habe gehört, dass man sie sogar zähmen kann, dann kommen sie, wenn man ruft, und sitzen bei einem auf dem Arm und lassen sich streicheln.

In meinem Abteil erklärt eine alte Dame einem Kind, das sie hier im Zug erst kennengelernt hat, das Stricken. Ich bin mit dem Leben versöhnt.

ALTE ZÜGE

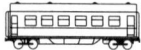

Das habe ich lange nicht mehr erlebt: Ein kleiner Junge rennt in Regensburg neben dem ausfahrenden Intercity her, winkt wild und spurtet mit bis zum Bahnsteigende. Aus einem geöffneten Fenster winkt ein Erwachsener. Warum gibt es das nur noch so selten, diesen ausgelassenen Kinderspurt neben dem beschleunigenden Zug? Vermutlich, weil man bei vielen Zügen keine Fenster mehr öffnen kann, und durch die verspiegelten ICE-Fenster sieht man niemanden winken.

Heute vermisse ich ausnahmsweise die alten Züge. Die aus den Zeiten, als man das Rattern von Eisenbahnrädern unter sich spürte. In den Abteilen waren die Sitze mit grünem Kunstleder bespannt, und die Fenster konnte man herunterziehen, und dann sagte jemand Vernünftiges im Abteil: »Nicht rauslehnen!«

Die Durchgänge zwischen den Waggons machten mir Angst. So schwer gingen die Durchgangstüren auf, dass ich fürchtete, sie würden zuknallen und mich zerdrücken, wenn meine Kraft nachließe. Es war laut zwischen den Waggons, und die eisernen Scharniere der Trittbleche am Wagenübergang bewegten sich gefährlich.

Mit solchen Zügen bin ich auch nach der Wende noch von Braunschweig nach Hoheneggelsen gefahren oder von Chemnitz aus in die Provinz. Die neuen Züge heute sind komfortabler, sie fahren ruhiger. Erwische ich doch einmal aufgearbeitete alte Waggons, freue ich mich. Sie haben einen Charme wie *Lost Places*, jene verlassenen Gebäude, die mich mit ihrer Aura von Geschichte eigentümlich berühren.

Es macht etwas mit mir, wenn ich das Fortschreiten der Zeit sehen und erspüren kann. Beim alten Stahlgerüst im Leipziger Hauptbahnhof geht es mir so, oder dort im historischen Wartesaal, der während der Buchmessen für Lesungen geöffnet wird. Und in Meißen in der Urbanskirche beim Anblick des Grabsteins für Berthold Mercator aus dem Jahr 1290. Niemand mehr kennt Berthold, den Händler, niemand weiß, wer er war. Aber der Stein mit seinem Namen ist noch da, und als der Steinmetz damals die Buchstaben hineinschlug, sah die Welt komplett anders aus als heute.

Jedes Mal, wenn ich zu Lesungen in Meißen bin, laufe ich am Hotel Hamburger Hof vorbei, das seit Jahren leer steht. Ich sehe dann bedauernd an der Fassade hoch. Aber es kitzelt auch in meinem Bauch, wie oft bei *Lost Places*.

Es hat ein Erkertürmchen und über dem Eingang drei große, stattliche Fenster mit Rundbögen. Einige Fensterscheiben sind durch Pressholzplatten ersetzt. Der Eingang ist zugemauert. Über einem zweiten, von Säulen gesäumten Eingang mit verziertem Balkon darüber steht noch: »HO Gaststätte und Hotel«.

Eine Meißnerin sagt mir, sie habe in diesem Hotel Tanzen gelernt, »der Saal war so schön«.

Im Großraumwagen des Eurocity von Ulm nach München fällt plötzlich das Licht aus. Draußen: pechschwarze Nacht. Drinnen: Dunkelheit. Ich erwarte, dass Panik ausbricht. Stattdessen werden die Leute leise, die eben noch laut gesprochen haben, wir alle sitzen da und genießen diesen besonderen Augenblick. Manche flüstern miteinander. Der Zug rauscht durch die Nacht. Ich sehe hinaus zu den Sternen und den Lichtern der verstreuten Häuser in der Landschaft. Es ist fabelhaft! Von mir aus könnte die ganze Fahrt so weitergehen.

Als eine Frau zur Toilette muss, leuchtet der Schaffner ihr mit der Taschenlampe. Dann springt nach einigen Minuten die batteriebetriebene Notbeleuchtung an.

Vielleicht berührt mich der Stromausfall so, weil es eine Erinnerung ist. In meiner DDR-Kindheit fiel öfter der Strom aus. Unvermittelt war die Wohnung pechschwarz. Wir tasteten nach Kerzen und Streichhölzern, und dann gingen wir mit der brennenden Kerze durch die Wohnung. Alles sah anders aus im flackernden Kerzenlicht.

Bei einem älteren Herrn im Zugabteil piept die Digitaluhr zweimal. Das Stundensignal. Auch so etwas habe ich seit Jahrzehnten nicht mehr gehört! Als Digitaluhren brandneu waren und jedes Kind eine haben wollte, piepste es bei uns im Klassenzimmer zur vollen Stunde aus jeder Ecke, und weil die Uhren nicht genau gingen, kam das Piepsen wie ein verzögertes Echo von überall her. Wir waren begeistert, wenn eine Uhr mit Stoppuhr, Licht und Alarm ausgestattet war. Ich hatte eine Casio und war sehr stolz.

Und dann die Bahnhofsuhren meiner Kindheit: Der Zeiger verharrte kurz vor der Zwölf, und in mir wuchsen die Anspannung und die Angst, die Zeit gerate aus den Fugen, die Uhr verspäte sich. Er machte eine kleine Pause, als müsse er Mut sammeln, um das große Hindernis, die Zwölf, zu überwinden. Und endlich, endlich ruckte er an, schwang sogar etwas weiter als sonst, wackelte, beruhigte sich, strich weiter voran.

Unser Impuls ist, das Vergangene von uns wegzuschieben, wir sind neu, wir sind anders, wir haben all das überwunden. Aber der Blick zurück muss nicht trübsinnig machen. Er kann gesund sein, heilsam. Er kann dankbar machen. Es sind unsere Wurzeln.

GUT GENUG

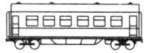

Mir ist bewusst, dass in den letzten Jahren in Deutschland kaum noch ein Zug pünktlich ist. Zu lange wurde nicht in die Instandhaltung investiert. Jetzt wird endlich gebaut, allein 2024 wurden über zweitausend Kilometer Gleise, zweitausend Weichen und hundertfünfzig Brücken erneuert. Aber die vielen Baustellen machen es schlimmer, bevor es deutlich besser werden wird.

Mancher stöhnt: »Das Bahnfahren macht keinen Spaß mehr.«

Auf die Verbesserungen, wenn die Sanierung der Bahninfrastruktur erst einmal abgeschlossen ist, freue ich mich. Aber auch im Normalzustand wünsche ich mir, wenn ich ehrlich bin, keine perfekte Bahn. Ich brauche es nicht, dass zwei Minuten schon als Verspätung gelten und Anschlusszüge am gegenüberliegenden Gleis warten. Ich brauche es nicht, dass ich auf die Minute genau am Zielort ankomme.

Wäre die Bahn perfekt, dann müsste ich auch ein perfekter Reisender sein. Ein Mann mit Aktenkoffer und exakter Uhr, der einsteigt und sofort seinen Computer aufklappt, um zu arbeiten.

Mich fasziniert das »Gut genug« der Bahn. Dass mal die Platzreservierungen nicht funktionieren oder das Bordrestaurant nur ein eingeschränktes Sortiment an Speisen anbietet oder ein Wagen fehlt – es ist unkomfortabel, aber es entspannt mich auch.

Vielleicht hängt es damit zusammen, dass ich oft in Amerika war und auch mal ein Jahr in den USA gelebt habe. Die US-Amerikaner sind wunderbar pragmatisch. Sie wursteln sich durch.

Genau so kommt mir die Bahn in Deutschland vor. Und mir gefällt's.

Die Bahn fährt, und solange sie fährt, bin ich zufrieden. Wenn es mal eine Umleitung gibt, ist das in Ordnung, weil es im Leben Umleitungen gibt, und die Bahn soll nicht so tun, als wäre das Leben anders. Ich will keinen Perfektionismus. Das »Gut genug« der Bahn nimmt mir den Druck.

Manche Reisende fürchten beständig, nicht auf ihre Kosten zu kommen. Sie stöhnen schon über ein paar Minuten Verspätung. Oft fangen ihre Klagen an mit: »Da fahr ich *ein Mal* mit der Bahn ...!« Sie zücken ihre Handys und jammern sich bei ihren Verwandten aus, sie rollen die Augen, sie schwitzen. Prüfend sehen sie bei jeder Abfahrt auf die Bahnhofsuhr und berechnen, wie viel wir verspätet sind.

Man könnte den Eindruck gewinnen, sie würden ausbleibenden Lebenssinn kompensieren. Wenigstens bei der Bahn soll alles funktionieren. Schon bei der Ansage »Das Bordrestaurant kann heute leider nur ein eingeschränktes Sortiment bieten« entlädt sich ihre angestaute Nervosität. Beim Ausbleiben des Kaffeebechers oder des Schokocroissants zeigen sie aggressive Unlust. Sie lauern darauf, in ihren Ansprüchen enttäuscht zu werden.

Ich will die Fehler der Bahn nicht rechtfertigen. Aber *mir* helfen sie. Beim Bahnfahren spüre ich weniger Erfolgsdruck und komme los von dem perfekten Leben, das die sozialen Medien suggerieren, und von der Angst, bloß nichts falsch zu machen.

Im ICE von Regensburg nach Nürnberg sitzt neben mir ein Vater mit seinem Sohn. Der Sohn ist Anfang zwanzig. Ich erschrecke, als er plötzlich aufstöhnt und heiser ruft. Zuerst denke ich, er könnte taub sein. Dann aber entspinnt sich ein Dialog zwischen beiden, und ich merke, er ist geistig behindert, er hat den Entwicklungsstand eines Kindes.

Die Zugbegleiterin passiert uns, da ruft er laut: »Hallo.«

Sie bleibt irritiert stehen und wartet, ob noch mehr folgen wird, ob es einen Wunsch gibt oder ein Problem, aber er wollte sie nur grüßen.

Also geht sie weiter.

Schließlich erreichen wir Nürnberg. Der Vater erklärt seinem Sohn: »Wir müssen jetzt in den ICE 722 nach Köln.« Sie steigen vor mir aus, der Vater geht den Bahnsteig entlang zur Treppe, ich ebenfalls.

Er hat nicht bemerkt, dass sein Sohn draußen neben der Waggontür stehen geblieben ist. Ich sehe ihn, und plötzlich flutet Wärme meine Brust. Er hat sich nach dem Aussteigen sofort umgedreht und begrüßt jetzt jeden Aussteigenden. »Herzlich willkommen!« Er grüßt, salutiert wie ein Soldat, dann winkt er wieder freundlich. Die Menge der Aussteigenden passiert ihn, manche lächeln. »Herzlich willkommen!«, ruft er.

Diese Stadt ist nicht seine Heimatstadt. Er steigt nur um. Aber ihn hat die Situation ergriffen, dass hier Menschen einen Zug verlassen und irgendwo ankommen, und immerhin ist er ja vor ihnen ausgestiegen, er ist also schon hier, während sie erst eintreffen. Da findet er es schön, sie willkommen zu heißen. Er steht dort mit seinem Rucksack, selbst ein Reisender, und begrüßt sie begeistert.

Jetzt hat auch der Vater sein Fehlen bemerkt und kommt die Treppe wieder hoch. »Sebastian«, ruft er. Sein Sohn hört ihn nicht. Er ist vollkommen erfüllt von der schönen Aufgabe, Menschen in Nürnberg willkommen zu heißen.

WO DER HIMMEL
ZU FLÜSTERN BEGINNT

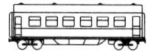

Ich fahre in die Schweiz. Was ich am Reisen am meisten liebe, die Begegnung mit dem Anderen, dem Fremden, fängt schon in Stuttgart am Bahnsteig an. Gegenüber hält ein ICE nach »München Hbf«, unser IC fährt nach »Zürich HB«, der Ort hat seine Andersartigkeit bis nach Stuttgart ausgestreckt. Hauptbahnhof kürzt man in der Schweiz »HB« ab.

Eigentlich wollte ich von München aus über Sankt Gallen fahren, aber in Lindau am Bodensee ist die Strecke unterspült, die Eurocitys fahren nicht. Die Bahn-App schlägt mir vor, mit der Fähre in die Schweiz überzusetzen, ich wusste gar nicht, dass die App auch ein blaues Symbol hat, so wie sie ein schwarzes hat für den ICE, grau für die Regionalbahn steht und grün für die S-Bahn, aber als wäre es selbstverständlich, hat sie heute in meine Route ein hellblaues Symbol eingefügt, auf dem »Fähre« steht. So soll ich fahren: München–Ulm mit dem ICE, Ulm–Friedrichshafen mit der Regionalbahn, zum Hafen mit dem Bus, dann vierundvierzig Minuten mit der Fähre über den Bodensee nach Romanshorn in der Schweiz, von dort weiter mit dem Regionalzug nach Sankt Gallen, mit einem Interregio nach Rothenthurm und von dort via Bus nach Oberägeri, wo ich in einem Hotel zu einem festlichen Abendessen lesen soll.

Mir ist das zu riskant. Auch wenn ich gern die Fähre genommen hätte. Das Umsteigen ist knapp kalkuliert, und das Abendessen mit Lesung beginnt bereits um 18:00 Uhr. Also der Intercity von Stuttgart nach Zürich.

Es ist ein Schweizer Doppelstockzug mit Ledersitzen, die so dick gepolstert sind, dass ich darin einsinke. In der Toilette, die mir schmal erscheint und mich an eine Flugzeugtoilette erinnert, gibt es ein Pissoir. Verrückt. Das habe ich noch nie gesehen in einem Zug.

Ich muss daran denken, dass der ICE ursprünglich auch geschlechtergetrennte Toiletten haben sollte, die für Herren sollten innen blau gestaltet sein, die für Damen rot. Das wurde dann aber doch nicht umgesetzt.

Der Zug legt sich in den Tälern in die Kurven. Wenn man nach draußen sieht, hat man das Gefühl, dass wir in einem ganz und gar grünen Land leben, die Hänge sind dicht bewaldet. Ich bewundere eine hübsche überdachte Holzbrücke über den Neckar, den »Oberen Neckarsteg«, als wir Sulz durchqueren. In Sulz am Neckar stand früher ein Römerkastell, von der Anhöhe aus wachte eine Kohorte von vierhundertfünfzig bis sechshundert Soldaten über die Straßen von Rottweil nach Rottenburg und von Sulz nach Rottweil. Was hätten die wohl zu unserem Eisenpferd gesagt, mit dem wir durch die Landschaft pflügen?

Gerstenfelder, Fachwerkhäuser, immer noch viel Grün. Wir fahren an Rheinmetall vorüber. Hier wird Panzer- und Artilleriemunition hergestellt, und ich denke an den Ukrainekrieg.

In Singen (Hohentwiel) wechselt unser Zug die Fahrtrichtung. Einer der ersten historischen Romane, die ich gelesen habe, war *Ekkehard* von Joseph Victor von Scheffel. Ich war noch ein Kind damals, ich kann mich an die Handlung kaum mehr erinnern, aber ich habe mir gemerkt, dass ich den Roman gut fand und dass er zum Teil in der alten Festung Hohentwiel spielt. Ich sehe zur Ruine auf dem Berg über der Stadt hinauf. Damals, zu DDR-Zeiten, war undenkbar, dass ich einmal hierhergelangen würde.

Dass Singen vom Bauerndorf zur Industriestadt wurde, verdankt der Ort in erster Linie seiner Rolle als Eisenbahnknoten. Die Eisenbahn war früher einer der größten Arbeitgeber hier.

Hinter Bietingen überqueren wir die Grenze zur Schweiz. Kein Holpern auf der Schiene, kein Anzeichen, dass wir in einen anderen Staat gerollt sind.

Thayngen, der erste Ort hinter der Grenze, wurde im Zweiten Weltkrieg versehentlich von den Engländern bombardiert. Eigentlich wollte man die Eisenbahnbrücke in Singen treffen, aber die elf britischen B-26 Marauder-Bomber, die in niedriger Höhe flogen, verwechselten die nahe gelegenen Orte – ein Navigationsfehler von »nur« zehn Kilometern – und warfen ihre Bomben über der Eisenbahnbrücke in Thayngen ab, wobei sie auch eine Ziegelei zerstörten.

Im Krieg waren Eisenbahnlinien hochwichtig, weshalb die über sechstausend britischen Flugzeuge der Operation »Clarion«, in deren Rahmen auch der versehentliche Angriff auf Thayngen stattfand, vor allem Bahnknoten und Bahnhöfe, Rangierbahnhöfe, Züge und Brücken angriffen.

Ich sehe Schweizer Flaggen an einigen Häusern. Man will wohl verschlafenen Reisenden aus Deutschland deutlich machen, dass sie jetzt in einem anderen Land sind.

Dann sind da gewaltige Wasserfälle links des Zugs, der Rheinfall, einer der drei größten Wasserfälle Europas. Alle zücken ihre Handys und filmen das gigantische Strömen und Sprudeln der weiß schäumenden Wassermassen, die durch die vielen Regenfälle in der letzten Zeit noch größer sind als sonst.

Erst eine halbe Stunde vor Zürich fällt mir auf, dass wir links fahren. Am linken Rand ist der grüne Streifen, rechts ein freies Gleis für entgegenkommende Züge. In der Schweiz stehen auch die Signale links. Ähnlich ist es in Frankreich, Portugal, Belgien, Italien und, wie beim Straßenverkehr, auch in Großbritannien und Irland.

Als die schneebedeckten Berge der Alpen in Sicht kommen, mitten im Juni, »fühle« ich, dass ich in der Schweiz angekommen bin.

Es geht nicht in meinen Kopf, dass sechs Stunden von meinem Zuhause entfernt die Straßenschilder anders sind, die Ziffern an den Bahnsteigen, die Währung, die Snacks am Kiosk. Die Fußgängerüberwege sind gelb gestreift.

Eines ist allerdings gleich: Die Bahnhöfe sind weiß auf dunkelblau beschildert. Haben wir das von der Schweiz geklaut? Bei uns war es doch über Jahrzehnte schwarze Schrift auf weißem Grund. Ende der 90er-Jahre haben wir begonnen, auf Dunkelblau umzustellen. Und auch wenn hier in der Schweiz die Buchstaben breiter sind und der Bahnhofsname am linken unteren Rand in der Ecke steht, die Schriftart hat denselben Ursprung wie unsere: Was bei uns »Deutsche Bahn WLS« heißt, basiert genauso auf der »Helvetica« wie die Schweizer Bahnschrift »SBB-Font«.

Erst kurz vor Zürich bemerke ich einen Kaffeeautomaten im Zug, nicht als Schrank, sondern auf einer Theke wie an der Bar, man bedient sich und zahlt mit der Karte. Leider ist es zu spät, sonst hätte ich den Kaffee gern ausprobiert.

Vom Zürcher Hauptbahnhof fahren Züge in alle Richtungen, nach Paris, Amsterdam, Wien, Budapest, Mailand, Rom, Hamburg oder München, es sind rund dreitausend Zugfahrten pro Tag verteilt auf sechsundzwanzig Gleise im größten Bahnhof der Schweiz.

Mir gefällt, wie der Bahnhof zu den Seiten geöffnet ist und wie man dort in die Stadt hineinsieht, er ist ein Zelt, dessen Seiten hochgerefft wurden. Man ist mitten im pulsierenden Leben, ein Oberleitungsbus fährt vorüber, Autos parken ein, es gibt ein Schuhgeschäft und zwei Häuser weiter das Hotel Schweizerhof.

Im Zwischengeschoss, bei den Duschen und den Schließfächern, gibt es eine Kapelle. Für jede Glaubensrichtung steht darin eine Ecke zum Beten zur Verfügung. Ich wünschte, die ganze Welt wäre so versöhnlich.

Der unterirdische Einkaufsbereich, der an 365 Tagen im Jahr geöffnet hat, gefällt mir nicht. Zu gerade sind die Linien, zu sauber die Schaufenster geputzt, es hat etwas Steriles und verleitet mich nicht zum Stöbern.

Schön finde ich, dass ein echter Mensch die Ansagen macht, eine Frau mit angenehmer Stimme, es ist eine Wohltat fürs Ohr, menschliche Modulationen zu hören. Auch im Münchner Hauptbahnhof spricht eine echte menschliche Stimme, ein Mann, den ich gern höre. Werden die großen Bahnhöfe bevorzugt behandelt? Will man hier beruhigend auf die Menschenmenge einwirken?

Ich steige in einen Zug in Richtung der Stadt Zug. Ein Restaurant nahe der Bahnhofsausfahrt hat sich in großen, freundlichen Lettern »Trainspotting« über die Fenster geschrieben, als wäre es das Schönste der Welt, hier zu sitzen und den ein- und ausfahrenden Bahnen zuzusehen.

Wir fahren durch lange Tunnel. Dann, plötzlich, öffnet sich das Panorama. Die Bahnstrecke verläuft oberhalb des Zürichsees, man hat einen herrlichen Ausblick. Die Boote auf dem Wasser sehen winzig aus, dazu die Bergkette der Alpen – ich kann verstehen, dass Menschen gern hier leben.

Auf der anderen Seite des Sees fährt auch ein Zug, er ist winzig auf diese Entfernung, als würden sie drüben das Leben nur spielen, kleine Häuser, kleine Autos, eine Modelleisenbahn.

Jeder, der hier lebt, muss Millionär sein. Oder nicht? Ich halte Ausschau nach gewöhnlichen Häusern und finde tatsächlich auch Wohnblöcke und ältere Einfamilienhäuser, die eine Renovierung bräuchten. Wahrscheinlich ist es wie in München oder Berlin: Wer einmal seinen Platz gefunden hat, zieht über Jahrzehnte nicht mehr um, sonst würde sich die Miete verdoppeln.

Wieder folgen Tunnel, dann neue Bergpanoramen. Nach dem Aussteigen frage ich eine Frau, die wie ich an der Bushaltestelle wartet, ob mein Zugticket auch im Bus gilt, und zeige es ihr. Sie sagt, sie sei nicht sicher, sie denke, ich bräuchte ein zusätzliches Billet.

Also gehe ich zum Automaten und gebe meinen Zielort ein, Oberägeri.

Der Automat schlägt fünfzehn Schweizer Franken vor, was mir viel erscheint, und kommentiert: via Unterägeri – Schiff.

Mit dem Schiff wollte ich eigentlich nicht fahren. Oder heißt eine Haltestelle so?

Ich beschließe, es zu riskieren, und steige ohne Billet in den Bus 601. Mit frommem Augenaufschlag frage ich den Busfahrer, ob ich mit meinem Zugticket fahren kann. Der Busfahrer sieht auf mein Ticket, dann zuckt er die Achseln und sagt mit schöner Schweizer Sprachmelodie: »Steht doch Oberägeri druff.« Er ist auch nicht sicher, sagt sein Gesicht, aber ich soll einsteigen, Schwamm drüber.

Wir fahren an coop-Läden vorüber, Migros, Shops der swisscom. Es heißt nicht mehr Rosenstraße, sondern Rosenstrasse. Graffiti ist an die Wände gesprüht, der Himmel ist wolkenverhangen wie in Deutschland und die Samen der Bäume sicher mit dem Wind herübergetragen, Schweizer Bäume wachsen bei uns, deutsche Bäume in der Schweiz, schön, dass sie sich nicht um Landesgrenzen scheren.

Am Feldrand blüht roter Klatschmohn.

Die Schilder im Straßenverkehr erscheinen mir winzig und gedrungen, wie mit zu dickem Filzstift gemalt. Bedeutet das, dass unsere Verkehrsschilder auf Schweizer dürr und übergroß wirken?

Was die Leute im Bus reden, kann ich beim besten Willen nicht verstehen. Aber sie begrüßen den Busfahrer beim Einsteigen höflich mit »Grüezi«. Die Haltestellen heißen »Nidfuren«, »Buechli« und »Ländli«.

Als ich aussteige, verabschiedet sich der Fahrer freundlich von mir, er sagt: »Adé.«

»Winter adé, scheiden tut weh«, habe ich als Kind gesungen und mich immer gefragt, wo sie adé sagen.

Ein zweiter Bus, die 609, bringt mich zum Zielort. Die Haltestelle liegt direkt am Ägerisee. Hinter dem See die Berge. Es ist wohltuend, über das Wasser zu blicken. Es regnet sanft, die Tropfen flüstern auf dem Seespiegel, und ich wüsste gern, wie es für die Fische ist, die dort schwimmen, wenn der Himmel über ihnen zu flüstern beginnt.

Einen vergleichbaren Anblick von Wasser und Bergen konnte ich einmal während einer Zugfahrt in Griechenland bestaunen. Von Thessaloniki fuhr ich los, die Wartehalle des Neuen Bahnhofs war groß und menschenleer. Ein Kreuzfahrtschiff hätte in ihr Platz gehabt. Die schwarze Anzeigetafel schwieg, nur ein paar Punkte und Kommas standen noch darauf, Überbleibsel früherer Abfahrtszeiten. Ich fragte mich, ob die Bahnmitarbeiter streikten. Es wirkte wie die Kulisse eines düsteren Endzeitfilms, ich war der letzte Mensch, die anderen waren bereits abgereist.

Schließlich entdeckte ich einen kleinen Fernsehschirm, etliche Meter unter der Anzeigetafel. Er wirkte verloren. Man hatte die herrliche Anzeigetafel außer Betrieb genommen und stattdessen einen Allerweltsfernseher aufgehängt. An den schwarzen Tafeln in Flughäfen und Bahnhöfen habe ich immer gemocht, dass sie mit ihrem mechanischen Rattern die Namen weit entfernter Städte anzeigten. Sie waren dem Fernwehschrei einer Lokomotive nah verwandt.

Ich fand einen Fahrkartenschalter, ein Mann hinter Glas verkaufte mir ein Ticket nach Litochoro, für sechs Euro bloß, ein angenehmer Preis. Die Abfahrt in Kürze. Ich rannte mit dem Koffer durch die Halle, hastete die Treppe hoch und erreichte den Bahnsteig, gerade als der Zug einfuhr. Nur wenige Leute stiegen aus und ein. Drinnen waren aber fast alle Plätze besetzt. Ich zwang mich mit dem Gepäck durch die Waggons, bis ich nach längerer Suche einen freien Platz fand, und setzte mich.

Der Zug verließ die Stadt. Wir fuhren an verkohlten Waggons vorbei. Am ausgebrannten Personenzug mischte sich Rost mit Ruß, das Wrack schien schon länger dort zu stehen. Weckte das nicht ungute Assoziationen bei den Vorbeifahrenden, sorgte sich die Bahngesellschaft denn gar nicht?

Jetzt fuhren wir über Land. Baumwollfelder zogen vorüber. Die Bahnhöfe, an denen wir hielten, waren mit Graffiti besprüht und halb verfallen: Sindos, Adendro, Platy, Aiginio, Korinos, Katerini.

In Litochoro stieg ich aus, und mit mir drei Einheimische, die gleich von Familienangehörigen in klapprigen Autos abgeholt wurden. Links das blaue Meer, rechts das Olymp-Gebirge wie eine Filmkulisse aus *Der Herr der Ringe*. Es ragte bis in die Wolken hinein. Da würde ich morgen als untrainierter, unerfahrener Wanderer hinaufklettern.

Das weite Meer und der Olymp. Gefahr und Schönheit, dicht beieinander. Kein Wohnhaus war in Sicht. Hier gab es nur den Bahnhof, das Meer und die Berge. An der Pinnwand des Bahnhofs hing die Nummer eines Taxiunternehmens. Ich rief an und fragte, ob man mich vom Bahnhof abholen könne.

Der Grieche, den ich am Apparat hatte, hieß Nikos. Nachdem ich aufgelegt hatte, fragte ich mich, ob ich verständlich genug gesagt hatte, wo ich stand und dass ich jetzt gleich das Taxi brauchte. Aber er kam.

Selten habe ich einen Ort auf dieser Welt gesehen, der so irreal wirkte und zugleich belebend. Ich spürte dort, während ich am verlassenen Bahnhof stand und auf das Taxi wartete, zwischen Meer und Olymp die Größe der Welt.

Auch in der Schweiz merke ich wieder, wie ungerecht es zugehen kann. Man hat entweder Wasser oder Berge. Hier haben sie beides.

Ich muss einen steilen Hang hinauflaufen zum Hotel, eine Frau, die mit mir im Bus saß, geht ebenfalls hinauf, sie sieht mich mitleidig an mit meinem Koffer und sagt: »Es geht streng, oder?«

Aber ich genieße die Bewegung nach dem langen Sitzen.

Sie ist Hotelangestellte, sie sagt, sie sei dreimal die Woche hier, es sei guter Sport.

Erst heute früh bin ich zum Bahnhof gelaufen und in einen Zug gestiegen, und jetzt, nach Regionalbahn und ICE, Intercity und Interregio und zweimal Bus, bin ich hier, an einem Ort, der so anders ist als mein Zuhause.

Die Schweiz wird der Deutschen Bahn oft als Vorbild vorgehalten, weil ihre Bahn so pünktlich ist. Unsere Unpünktlichkeit hat vor allem finanzielle Gründe. Nach dem gescheiterten Versuch, die Bahn an die Börse zu bringen, hat Deutschland jahrelang nur halbherzig in sie investiert. Laut Statistiken des Interessenverbands »Allianz pro Schiene« betrugen 2010 die Investitionen 53 Euro je Einwohner. Fünf Jahre später waren es 56 Euro. Erst im Jahr 2021 stiegen sie sprunghaft an und erreichten 2022 unter der rot-grün-gelben Koalition 114 Euro – verglichen mit 450 Euro in der Schweiz immer noch recht wenig.

Kein Wunder, dass da Weichen und Oberleitungen, Stellwerke und Brücken marode werden. Die nächsten Jahre wird viel repariert werden bei uns, notgedrungen, und das wird die Pünktlichkeit weiter sinken lassen. Wir haben von der Substanz gelebt, dafür büßen wir jetzt eine Weile. Danach sollte es deutlich bergauf gehen mit der Verlässlichkeit.

Dass wir auch nach den Reparaturen keine Schweizer Pünktlichkeit erreichen werden, ist mir klar. Die Schweiz ist klein. In Deutschland gibt es Zugfahrten, die dreizehn Stunden dauern – dass da leichter eine Verspätung entsteht als bei einer Fahrt von zweieinhalb Stunden, wird jedem einleuchten, wenn man zudem das größere und kompliziertere Bahnnetz bedenkt.

Als zweites Musterbeispiel der Pünktlichkeit gilt Japan. Dort wird der Shinkansen, der japanische Hochgeschwindigkeitszug, aber nicht von schwerfälligen Güterzügen oder langsamem Regionalverkehr aufgehalten. Er muss sich, anders als in Deutschland der ICE, das Schienennetz nicht mit dem Nahverkehr teilen, sondern fährt auf eigenen Strecken. Ähnliches Glück hat der TGV in Frankreich.

Ein Geburtsfehler der Deutschen Bahn? Vielleicht. Andererseits gefällt mir, dass unser Streckennetz sich bis in die kleinsten Orte verästelt, dass man überall einsteigen und überall hinkommen kann. Ich möchte den Fernverkehr nicht gegen den Nahverkehr ausgespielt wissen.

Die Lesung in Oberägeri läuft gut. Abends im Hotelzimmer schaue ich fern bis Mitternacht, und dann lese ich noch. Die Aufregung der Reise und die fremde Umgebung halten mich wach. Erst als ich völlig übermüdet bin, schalte ich das Licht aus.

6:24 Uhr weckt mich das Handy mit fröhlichem

Signalton und der Mitteilung, ein neues Spiel stünde zum Download bereit. Ich bin sauer. Diese Motorola-Funktion muss ich ausschalten. Warum versenden die so was um 6:24 Uhr am Sonntag? Es ist derselbe Sound wie bei einer WhatsApp-Nachricht, ich dachte, die Familie hätte geschrieben, und jetzt bin ich wach.

Auf dem Rückweg werde ich im Bus kontrolliert und bekomme Ärger, ich fahre gerade nicht die Route nach Sankt Gallen, die auf meinem Ticket steht, sondern über die Stadt Zug nach Zürich und von dort nach Romanshorn zur Fähre über den Bodensee, es ist die Alternativroute, weil der Eurocity ausfällt. Ich bin es von Deutschland gewöhnt, dass bei solchen Zugausfällen die Zugbindung wegfällt und ich auch einen anderen Weg nehmen darf. Der Kontrolleur ist streng, er warnt mich eindringlich, dass ich in der Schweizer Bahn Probleme bekommen würde.

Ich sage: »Dann sollte ich also den Schaffner gleich ansprechen –«

»Das ist zu spät!«, schneidet er mir das Wort ab. »Sie müssen zum Schalter gehen.«

Dafür, dass der Eurocity ausfällt, kann ich nichts. Die Bahn auch nicht, das Unwetter hat die Gleise bei Lindau unterspült. Ich dachte, wir könnten entspannt damit umgehen, ich schimpfe nicht auf die Bahn, und sie schimpft nicht mit mir, schließlich sind wir beide bloß Opfer der Umstände.

Die Zugfahrt würde ich wegen der Befürchtung, gleich Diskussionen und womöglich Strafzahlungen zu erleben, nicht genießen können, also gehe ich in Zug zum Schalter. Freundlich wird mein Ticket storniert und ein neues gebucht, ich spare sogar durch den neuen Reiseweg und bekomme sieben Schweizer Franken erstattet.

Im Interregio von Zug nach Zürich hält ein kleines Mädchen von ihrem Kinderwagen aus Hof. Jeden blickt es prüfend an, als würde es Noten verteilen. Eine Passagierin mit bandagiertem Handgelenk bedenkt es mit besonders langem Blick und fragt schließlich, was sie »dort habe«.

Die Passagierin sagt, sie habe das Gelenk überlastet, und jetzt sei es entzündet, aber es sei nicht schlimm. Dabei lächelt sie das Kind an.

Das Kind schweigt und sieht unverwandt die Frau an und ihr Handgelenk, sehr ernst, wie eine Ärztin.

Die Frau fragt das Kind, wie alt es ist.

»Drü«, sagt es.

»Schon so groß«, sagt die Frau, und das Kind fragt seine Mutter, wann es Geburtstag habe, die Mutter ist die Gehilfin, die Sekretärin dieser kleinen Königin, die vom Kinderwagen aus regiert.

Jetzt will sie etwas zu trinken haben, die Mutter sagt, sie müssten gleich umsteigen, im neuen Zug könne sie etwas haben.

Das Mädchen rollt entnervt die Augen.

Wir Erwachsenen lachen.

Da lacht die Kleine mit, sie fällt aus ihrer Rolle und muss über ihre eigene Reaktion lachen wie über einen gelungenen Scherz.

In Zürich HB kaufe ich als Mitbringsel für die Kinder

Ovomaltine-Riegel, die ich noch nie gesehen habe, und ein *Lustiges Taschenbuch*, das hier natürlich genauso aussieht wie bei uns. Dann sieht im Intercity von Zürich nach Romanshorn der Schaffner mein extra umgebuchtes Ticket an und wird ernst.

Ich erkläre ihm, dass der Eurocity ausfalle wegen der Unterspülung.

»Ja, das weiß ich«, sagt er und fragt drohend: »Haben Sie ein Halbtax für die Schweiz? Sie fahren mit einem ermäßigten Ticket. Dafür brauchen Sie ein Halbtax-Abonnement.«

Ich erkläre ihm, dass ich es in Zug am Schalter gekauft habe, eben um keinen Ärger zu bekommen, und dass die Frau es mir so gegeben habe.

Das ginge nicht, sagt er. Ohne Halbtax müsse ich den Vollpreis bezahlen.

Ich hole meine letzten Schweizer Franken aus der Tasche, neun Franken und sechzig Rappen. Das sei alles, was ich noch habe, erkläre ich. Sonst hätte ich nur die Visa-Karte oder Euro.

Er tippt etwas in sein Gerät, prüft den Preis, sieht streng auf mich herunter mit seinem Schnauzbart und seiner Bahnuniform, dann sagt er, ohne auch nur ein bisschen gnädig zu klingen dabei: »Geben Sie mir Ihre neun Franken und sechzig Rappen, und es ist in Ordnung.«

Wer zahlt den Rest?, frage ich mich. Übernimmt er den aus eigener Tasche? Ich gebe ihm meine Münzen, er druckt eine Quittung aus: »Taxmarke, CHF 9.60«.

Nicht schlecht, dass die Schaffner hier Preishoheit

haben und bei zu geringem Barbestand einen Sonderpreis machen können.

Andererseits: Wozu diese Strenge? Mein Zug fällt aus, die Strecke ist gesperrt, ich tue nichts anderes, als zu meinem Zielort zu fahren, auf einer Alternativstrecke, notgedrungen. Da sind die deutschen Schaffner lockerer. Eine Schaffnerin erklärte mir einmal, dass es Schwarzfahrer gäbe und Graufahrer, Graufahrer seien solche, die einen Fahrschein besäßen, aber nicht den richtigen, oder in der falschen Klasse säßen. Wie oft habe ich das erlebt, dass in Deutschland feixende Jugendliche in der ersten Klasse saßen und erwischt wurden, und man schickte sie einfach in die zweite Klasse. Was würde denen wohl in der Schweiz passieren?

Im Intercity der SBB sind, obwohl er über neue Stoffsitze verfügt, die Metallelemente der Sitze abgeschrammt und der Teppichboden fleckig. Ich bin fast erleichtert. Das Übersaubere, Cleane hat in mir im Zürcher Hauptbahnhof ein Unwohlsein hervorgerufen, das Gefühl, nicht reich genug zu sein, um sich die Anwesenheit an diesem Ort leisten zu können.

Es gibt sogar einen Kinderspielplatz im Zug, mit silberner Rutsche und rotem Holzboot und kleinem Klettergerüst, was ich einer neidischen Mutter, die mir später am Nachmittag mit ihrer kleinen Tochter im deutschen ICE gegenübersitzt, brühwarm erzähle.

Der Intercity hält in Romanshorn direkt am Hafen, ich steige aus, die Fähre wartet schon. Ich rufe einem Mann in Schifffahrtsuniform zu, ob man auch an Bord bezahlen kann, und er sagt, man kann. Ich frage, ob Euro möglich sind oder Kartenzahlung, und er zählt vergnügt auf: Euro, Visa, Mastercard … Also gehe ich an Bord und setze mich nach oben. Wir legen ab und fahren auf den See hinaus. Im Hafen stört noch Dieselgeruch, aber weiter draußen fegt ihn der frische Wind weg. Vierundvierzig Minuten Fahrt über den Bodensee. Ich sitze mit einem Buch an Deck, lese und bin glücklich.

Früher betrieb die Deutsche Bundesbahn selbst Fähren, zum Beispiel die Fährschiffe zwischen Puttgarden auf der Insel Fehmarn und Rødby auf der dänischen Insel Lolland. Sie konnten bis zu 27 Güterwagen oder 10 Personenzugwagen transportieren, und zusätzlich noch 75 Pkw und 1500 Passagiere. Die Deutsche Reichsbahn in der DDR betrieb außerdem die Fährverbindung von Warnemünde-Gedser nach Dänemark, die ebenfalls eine wichtige Rolle beim Transport von Zügen und anderen Fahrzeugen spielte.

Dagegen ist meine Bodenseefähre klein. Ich überquere auf ihr vergnügt die Staatsgrenze, sie verläuft mitten auf dem See, auch hier ist nichts zu sehen, keine Bojen, keine Schilder.

Die Hafeneinfahrt auf der deutschen Seite erscheint mir recht schmal für die breite Fähre. Andere Fahrgäste denken ähnlich, wir starren an der rechten Schiffsseite auf die Stahlpoller, immer näher kommen wir, dann fahren wir haarscharf daran vorbei. Wir können den, der die Fähre steuert, nur bewundern.

Als junger Erwachsener fuhr ich mal auf einem alten Segelschiff mit, ein Zweimaster, und ich durfte nach der Ausfahrt in Kappeln auf der Schlei ausnahmsweise ans

Steuerruder. Ich war völlig überfordert. Steuerte ich nach rechts, kam die Reaktion so verspätet und mit solcher Wucht, dass ich sofort nach links gegensteuern musste.

Friedrichshafen Hafen ist ein kleiner Bahnhof, hier steige ich in eine Regionalbahn für eine zweiminütige Fahrt. Das ist, glaube ich, die kürzeste Strecke, die ich je mit dem Zug gefahren bin.

Vor dem Einsteigen spreche ich am Bahnsteig mit dem Triebfahrzeugführer, er weiß, wo ich hinwill, und weiß, dass ich weiß, wann wir ankommen, trotzdem macht er im Zug nach der Abfahrt die Ansage über die Lautsprecher: »Nächster Halt: Friedrichshafen Stadt. Ausstieg in Fahrtrichtung links.«

Die macht er nur für mich, denn ich bin der einzige Fahrgast, eigenartig fühlt sich das an. Ich würde gern antworten: »Danke!« Felix, unser Neunjähriger, hat das mal gemacht, als eine Ansage kam, und alle im Waggon haben gelacht.

In Friedrichshafen Stadt steht schon der ICE, betreut wird er heute von fröhlichem Personal. Sie machen auf der Fahrt die Ansage: »Sehr geehrte Fahrgäste, Sie werden es kaum glauben, aber wir erreichen jetzt Biberach am Riß, und das fünf Minuten zu früh. Wir bitten, die Unannehmlichkeiten zu entschuldigen, und versprechen, es bei Gelegenheit durch Verspätung wiedergutzumachen.«

Eine Frau, die ich auf Mitte achtzig schätze, beginnt ein Gespräch mit einem tätowierten Mann im schwarzen Muscle-Shirt, der ihr mit Sonnenbrille im Zug gegenüber sitzt. Er ist Musiker, spielt in der Artcore-Band *The*

Hirsch Effekt, kommt gerade von einem Festivalauftritt in Lindau und will nach Berlin. Sie sagt, in ihrer Gegend im Norden gebe es »viele solcher jungen Leute, die so angezogen sind, in solchen Farben«, und lächelt ihn an.

Bald bin ich wieder daheim.

UNTER DEM MEER HINDURCH AUF DIE BRITISCHE INSEL

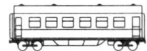

Es fühlt sich ungehörig an, mit so wenig Gepäck nach London zu reisen, ich habe nur meinen Alltagsrucksack dabei, mit dem ich jeden Tag ins Büro fahre. Toll, dass ich es heute mal nicht mit dem Flugzeug, sondern »über Land« erreichen werde. Los geht es zu Hause mit dem Fahrrad. Orangerot geht die Julisonne auf, die Vögel zwitschern. Halb sechs, eine Uhrzeit, zu der ich sonst noch schlafe. Der Bahnsteig in Landshut ist trotzdem voll mit Menschen. Fahren die jeden Tag so früh zur Arbeit? Sie sehen müde aus. Manche schließen im Zug die Augen.

Nebel hängt tief über der Landschaft. Dicht beim Zug geht ein Reh über ein Stoppelfeld. Im Waggon ist es herrlich still, obwohl er voll besetzt ist. Niemand spricht. Wir haben Schonfrist. Wir werden gemeinsam wach.

In München kaufe ich mir eine Butterbrezel, dann steige ich in den TGV nach Paris, den ich in den letzten Jahren oft sehnsüchtig betrachtet habe. Ich werde in Paris umsteigen nach Lille und von Lille mit einem Eurostar unter dem Ärmelkanal hindurchfahren nach London.

Die Fahrgeräusche im TGV sind anders, als ich es gewöhnt bin. Direkter. Härter. Und die Lüftung rauscht laut, aus irgendeinem Grund erinnert mich das an Urlaub. Jetzt weiß ich es: Die Lüftung klingt wie ein Flugzeug, das kurz vor dem Start auf der Bahn steht, während die Düsen schon gestartet werden und rauschen und warm laufen. Ich spüre sogar den Luftzug an den Beinen. Der Zug riecht auch anders. Das Tablett, das ich aus dem Sitz vor mir herausklappe, ist größer als im ICE und sehr stabil. Die Sitze sind angenehm breit. Dafür ist der Gang zwischen den Sitzen schmaler.

Der Zugchef macht seine Ansagen mit einem herrlichen französischen Akzent.

Wir sind noch in Deutschland, aber die Ansagen kommen erst auf Französisch, dann auf Englisch, zuletzt auf Deutsch. Es ist, als wäre der Zug exterritoriales Gebiet, als wäre ich bereits im Ausland. Dieser Eindruck wird verstärkt dadurch, dass in meinem Waggon die meisten Französisch oder Englisch sprechen. Deutsch hört man kaum.

Entlang der Strecke dominiert saftiges Grün. Bäume, Buschwerk und fettes juligrünes Gras wechseln sich ab mit Hafer, Mais und Sommergerste. Die Städte, die wir durchfahren, sind nur kurze Unterbrechungen, kleine

Inseln der Zivilisation. In meinem Alltag vergesse ich das, da halte ich die Stadt für das Normale, aber auf der Zugfahrt wird mir klar: Das Land ist zum Großteil mit Äckern, Wiesen und Wäldern bedeckt, mein Leben inmitten von Asphalt und Häusern und Buchhandlungen, Kino, Büro, Schule und Läden ist die Ausnahme.

Während ich lese oder arbeite, überspringe ich den Raum zwischen den Städten und bin plötzlich woanders. Ich gelange von Ort zu Ort wie durch Zauberei, mühelos. Ich schreibe zwei, drei Seiten und bin plötzlich in Ulm. Lese ein paar Kapitel und fahre soeben in den Bahnhof Stuttgart ein. Es wird schnell gehen, denn es sind nur fünf Haltestellen von München nach Paris.

Bevor wir den Rhein überqueren, bremst der Zug ab, als verlange es der Respekt, kurz innezuhalten. Noch einmal Lidl, noch einmal »Starkes Team sucht Kollegen«, der kleine Bahnhof Kehl mit einem Büro für Sportwetten. Wenn ich Bürgermeister wäre, würde ich so etwas im Bahnhof verbieten, der erste Eindruck vom Ort sollte nicht so schäbig ausfallen. Dann der Rhein, auf dem die Sonne glänzt, und Strasbourg mit seinen gepflegten Parkanlagen, Bäumen, auch Pappeln, die ich so mag, und einer Straßenbahn, was mir immer gefällt. Auf einem Schild am Bahnhof wird jetzt auf Französisch gewarnt: *Attention à la hauteur de la marche.*

Meine Sitznachbarin isst ein Croissant, als gehöre das dazu, wenn man Frankreich erreicht. Vielleicht ist es ihre Tradition. Ich habe etwas übrig für Traditionen. Als Kind grüßte ich jeden Morgen einen Mann, ohne ihn zu kennen. Es war eine Gewohnheit, die ich liebte. Nie haben wir ein Wort gewechselt, das kurze Heben der Hand machte uns zu Vertrauten. Wohin er ging, während ich zur Schule fuhr, weiß ich nicht. Nach meinem letzten Schultag sah ich ihn nicht wieder.

Während des Studiums erfand ich ein neues Ritual. Ich entdeckte ein Schild am Nebeneingang zum Universitätscampus: »Post und Lieferanten«. Gebunden durch eine stille Absprache mit mir selbst, betrat ich das Gelände nur noch durch diese Hinterpforte. Nach meinem letzten Tag, als habe man darauf gewartet, wurde die Pforte mit einem schmiedeeisernen Tor verschlossen. Heute verwittert das Schild für »Post und Lieferanten«. Niemand braucht es mehr.

Ich mag die Sitznachbarin, auch wenn wir kein Wort wechseln. Sie liest die gesamte Fahrt von München bis Paris und lacht immer wieder oder sagt etwas und entschuldigt sich dann bei mir: »Ich rede immer beim Lesen.« Ich freue mich, dass das Buch sie so begeistert.

Hinter Strasbourg nimmt der TGV an Fahrt auf, und wir beschleunigen auf 320 km/h. Die Luft drückt in den langen Tunneln auf die Ohren. Die Hochgeschwindigkeitsstrecke wird bis Paris führen, der TGV hält konstant eine hohe Geschwindigkeit und macht, verglichen mit deutschen ICE-Verbindungen, nur wenige Zwischenhalte.

Man braucht von Berlin nach München selbst mit dem ICE-Sprinter fast vier Stunden, von Paris nach Bordeaux, was ebenfalls rund fünfhundert Kilometer Luftlinie sind, fährt man im TGV in knapp zwei Stunden. Frankreich hat den Fokus sehr auf die Hauptstadt gelegt, wo in der Metropolregion mehr als zwölf Millionen Einwohner leben. In Deutschland lebt man verteilter, bei uns gibt es mehr Bedarf an Zwischenhalten.

Abgesehen vom Hochgeschwindigkeitsnetz ist die Bahn in Frankreich weniger gut ausgebaut, die Strecken werden seit Jahrzehnten ausgedünnt. 1938, bei Gründung der Staatsbahn SNCF, zählte Frankreich noch doppelt so viele Schienenkilometer. Inzwischen unternehmen die Franzosen fünfundachtzig Prozent aller Reisen mit dem Auto.

Schade eigentlich. Man kann hier weit blicken über Wald, Sonnenblumenfelder und Obsthaine. Ab und an zeigt sich in der Ferne ein Dorf. Der Anblick gefällt mir. Aber aussteigen darf ich nicht.

Störche staksen um eine Wasserlache. Zehn Kühe grasen auf einer großen Weide, die Hunderte beherbergen könnte. Landstraßen schlängeln sich in gewundenen Bögen über die Hügel.

Im Bordrestaurant bestelle ich Tomatentarte mit kandierten Zwiebeln. Auf Deutsch. Dabei habe ich jahrelang Französisch in der Schule gelernt. Die Worte sind mir eingerostet. Die Tarte wird in der Mikrowelle erhitzt. Frisch gekocht wird im Bordrestaurant nur noch in Ungarn, Tschechien und Polen.

Die Tarte schmeckt mir, genauso wie im ICE das Chili con Carne, aber mich stört, was ich von der Zubereitung sehe: das Aufschneiden der in Plastik eingeschweißten Mahlzeit, der schnelle Griff zur Mikrowelle.

In China können Passagiere per QR-Code bei Restaurants an den Zwischenhalten Bestellungen abgeben.

Während der Zug kurz hält, werden die Mahlzeiten im Speisewagen abgegeben und von dort aus im Zug verteilt.

Auch bei uns aß man auf Langstrecken anfangs noch in den Bahnhöfen, der Zug hielt mittags für zwanzig Minuten, und die Leute stiegen aus und eilten ins Gebäude. Der erste Speisewagen fuhr in Deutschland 1880. Bald darauf wurden es mehr und mehr, und die »fahrende Art des Essens« setzte sich durch.

Nach zwei Stunden erreichen wir Paris. Ich staune, dass so viele Häuser verfallen und arm wirken. Dann trete ich aus dem Gare de l'Est, und mir ist Paris so fremd, dass ich tief einatme und die Stadt am liebsten umarmen würde und hierbleiben möchte, um ein neues Leben zu beginnen.

Der Ostbahnhof ist der kleinste der drei TGV-Bahnhöfe. Hier kommen die Züge aus Frankfurt, Stuttgart, München und Freiburg an und die Züge aus Strasbourg, Reims sowie aus Richtung Luxemburg.

Ich muss zum Gare du Nord, von wo die Züge nach Köln, Brüssel, Amsterdam, Lille und London abfahren. Zuerst gehe ich eine steinerne, geschwungene Treppe hinauf und bewege mich oberhalb entlang des Ostbahnhofs. Ich blicke auf die überdachten Bahnsteige hinunter. Rechts und links ist der Bahnhof von Häusern eingerahmt, wie eingewachsen.

Dann biege ich ab in die Rue des Deux Gares, die »Straße der zwei Bahnhöfe«. Sie ist schmal, an den Häuserwänden viele schmiedeeiserne Balkone, die wie kleine Gärten bepflanzt sind. Auf die Gehwege sind Cafétische gestellt, ein alter Kellner beugt sich über seine Gäste, legt freundschaftlich seine Hand auf die Schultern eines Mannes und kehrt dann in die Küche zurück, um seine Wünsche zu erfüllen.

Von der Rue du Faubourg Saint-Denis aus sehe ich schon den Gare du Nord. Als ich ihn betrete, faszinieren mich die filigranen gusseisernen Säulen, die alles tragen. Aus der Nähe betrachte ich ihre Weinranken-Reliefs. Man könnte meinen, alles wäre rein funktional gebaut im verkehrsreichsten Bahnhof Europas. Der Gare du Nord führt die Statistik an mit 245 Millionen Passagieren im Jahr, gefolgt vom Hamburger Hauptbahnhof mit 196 Millionen und dem Frankfurter Hauptbahnhof mit 180 Millionen, danach kommen zwei Londoner Bahnhöfe, Waterloo und Victoria, dann Zürich HB, dann München.

Obwohl man bei der Menge an Passagieren beinahe von Transportindustrie sprechen könnte, haben wir Menschen auch hier unsere künstlerische Seite gezeigt.

Als der erste Pariser Bahnhof gebaut wurde, der Gare Saint-Lazare, war der Impressionist Claude Monet so von ihm fasziniert, dass er ihn zwölf Mal malte.

Und hier, im Gare du Nord, schuf der berühmte Architekt Jakob Ignaz Hittorff eine hundertachtzig Meter lange Eisenbahnhalle, in der ich nun stehe. Ihr Dach ruht auf nur zwei Reihen von Säulen aus Gusseisen. Jede dieser Säulen ist achtunddreißig Meter hoch. Sie wurden in Schottland hergestellt, dem einzigen Land zu dieser Zeit, in dem es eine Gießerei gab, die so große Säulen herstellen konnte. Die Halle wirkt schwerelos, leicht.

Die Fassade des Gare du Nord zieren dreiundzwanzig weibliche Figuren – die Personifikationen internationaler und französischer Städte, die von der Nordbahn angefahren werden, darunter Frankfurt und Amsterdam, Warschau und Brüssel, London und Wien, Berlin und Köln.

Ungewohnt ist für mich, dass ich erst auf den Bahnsteig und zum TGV nach Lille gelassen werde, nachdem ich meine Fahrkarte vorgezeigt habe. Es bilden sich lange Schlangen. Ungeschickte suchen erst an der Schranke im Gepäck nach ihrer Fahrkarte und halten alles auf.

In China darf man, habe ich gelesen, ohne gültigen Fahrschein nicht mal den Bahnhof betreten, gleich am Bahnhofseingang wird kontrolliert.

Früher gab es das bei uns auch: Holte man jemanden am Bahnsteig ab, musste man eine Bahnsteigkarte erwerben, um überhaupt so nah an den Zug heranzudürfen. Vor dem Bahnsteig befand sich die sogenannte »Sperre«, wo Fahr- und Bahnsteigkarten kontrolliert wurden.

Noch strenger ist es beim Umsteigen in Lille. Hier kommt ein Flughafengefühl auf. Es gibt Sicherheitskontrollen, lange Schlangen, die Grenzkontrolle, strenge Blicke in den Reisepass. Eine Frau in der Schlange sagt hoffnungsvoll zum Grenzbeamten: »This is hello, not bonjour, right?« Und tatsächlich sind das, hier in Frankreich, schon britische Border Control Officers. Oh, der furchtbare Brexit!

Eine Familie muss ihren Kinderwagen leeren und ihn zerlegt auf das Förderband heben, während ich nur das Ladekabel aus dem Rucksack zu holen und das Notebook getrennt aufzulegen habe. Die Gepäckkontrolleure durchleuchten alles mit denselben Maschinen wie auf dem Flughafen.

Ich nehme es in Kauf für das Erlebnis, unter dem Meer hindurch auf die britische Insel zu fahren.

Im Wartebereich des Eurostar freue ich mich, dass man seinen Waggon heraussuchen soll anhand der Waggonnummer auf einer schematischen Darstellung des Zuges und dass man sich den Buchstaben merken soll, der zu der entsprechenden Zone am Gleis gehört. Ich sitze in Wagen 1 an der Spitze des Zuges in Zone W. Jetzt, denke ich, werden wir ans Gleis geführt und können uns alle schon in die richtige Zone stellen. Wie gut organisiert das ist!

Aber Pustekuchen, das Gleis ist noch verschlossen. Wir sitzen im Wartebereich, der dieselben Sitzreihen aufweist wie das Gate eines Flughafens. Dann werden wir aufgerufen und gehen runter zum Gleis.

Jeder läuft zu seiner Zone. Ich laufe in die falsche Richtung, ich bin so in Gedanken versunken, dass mir viel zu spät auffällt, dass das Alphabet zurückgeht statt voran. Jetzt muss ich mich beeilen. Ich mache kehrt und laufe vorbei an O P Q R S T U V W. Der Eurostar ist fast sechshundert Meter lang.

Ich steige ein, als einziger neuer Passagier in meinem Wagen, und finde meinen Platz. Ein Zugbegleiter bringt mir zur Begrüßung ein Tuch zur Handdesinfektion. Kurz darauf kommt eine Zugbegleiterin und bietet mir freundlich etwas zu trinken an.

Ich lehne ebenso freundlich ab. Ich habe ja meine Wasserflasche im Rucksack.

Sie erschrickt und bietet noch mal alles an: Cola, Kaffee, Tee – auch kein Wasser?, fragt sie zweifelnd.

Wieder lehne ich ab.

Andere bestellen sich etwas.

Jetzt kommt sie wieder, mit einem sehr zuvorkommenden, fast butlerhaften jungen Mann, und sie wollen wissen, was ich essen möchte.

Ich frage zögerlich, ob ich das denn bezahlen muss?

Nein, sagt sie, das ist alles inklusive.

Sie stellen mir verschiedene Gerichte vor, aus denen ich wählen könne. Ich nehme den Fisch.

Zuerst bringen sie mir ein Tablett mit Vorspeisen, dazu ein helles Brötchen und gesalzene Butter. Dann wird mir der Fisch serviert, mit Bohnengemüse. Ich kann nicht fassen, dass sie Hunderten Passagieren gerade eine solche Mahlzeit servieren.

Das soll inklusive sein?

Die nobel gekleideten Geschäftsleute um mich herum sind alle im Hemd, sogar mit Manschettenknöpfen, und ich bin in T-Shirt und kurzer Hose. Sie essen nichts, sie haben wohl ihre Mahlzeit schon vor Lille bekommen.

Da fällt mein Blick auf den Serviettenhalter. »Business Premier« steht darauf. Du meine Güte, ich bin in der Business Class, und noch dazu in der besonders teuren! Ich esse schwitzend und frage mich währenddessen, was wohl passiert, wenn der Schaffner kommt und feststellt, dass ich gar nicht hier sitzen dürfte und mir also auch das Essen nicht zustand.

Dann fällt mir ein, dass ja das Ticket auf der Hinfahrt teurer war. Offenbar kommt der Aufpreis vor allem durch diese »Business Premier«-Klasse zustande. Ich muss sie aus Versehen gebucht haben.

Dann befindet sich über mir der Ärmelkanal. Im Meerwasser schwimmen Stechrochen und Hornhechte, Sardinen und Goldbrassen und Langschnäuzige Seepferdchen. Ich brause unter Seezungen hindurch, Steinbutten, Heringen und vielleicht auch Delfinen, den Großen Tümmlern. Der Eurostar hat im Tunnel seine Geschwindigkeit von 300 km/h auf 160 km/h gedrosselt.

Nicht alle fahren nach London so kompliziert wie ich über Lille, es gibt auch Eurostar-Züge von Paris nach London, von Stadtzentrum zu Stadtzentrum. Die Fertigstellung des Kanaltunnels war 1994 ein Jahrhundertereignis. Zuvor dauerte die Fahrt, bei günstigen Wetterbedingungen für die Fähre auf dem Ärmelkanal, sieben Stunden. Jetzt sind es nur noch zwei.

Mein Handy sagt, als wir den Tunnel wieder verlassen: »Willkommen in Großbritannien«. Die Autos fahren auf der linken Seite. Kurz darauf bin ich in London.

Mein erstes Ziel ist die Poetic Pharmacy in der Oxford Street. Ich war noch nie dort, habe aber Gutes über sie gelesen. Eine Buchhandlung nur für Gedichtbände, sortiert nach Stimmung: Trost, Liebe, Wachstum. In Regalen stehen kleine Fläschchen mit Texten darin: Gegenmittel gegen Traurigkeit. Mittel für innere Ruhe. Mittel für mehr Mitgefühl.

Der Laden möchte laut Reklame die Poesie in die Mitte der Gesellschaft zurückbringen.

Ich entdecke ein Hardcover in Erstausgabe, das ich bisher nur als eine schlecht gedruckte Nachauflage kannte, und kaufe es.

Neugierig, wie ich bin, spaziere ich gleich weiter zur Buchhandlung Foyles. Schon nach wenigen Minuten bin ich hingerissen. Die Buchauswahl ist wahnsinnig breit gefächert und gleichzeitig so spezifisch! Gleich neben zehn Regalen Lyrik – die mir die Poetic Pharmacy mit ihrem vorlauten Anspruch winzig erscheinen lassen – finde ich vier Regale mit »Essays & Interviews«. Ich kaufe zwei Bücher von James Wood, die es auf Deutsch nicht gibt, und weitere Essaybände. Dann spaziere ich durch die fünf Etagen des ganzen Ladens und staune über uns Menschen.

Es gibt zwei Regale nur mit Büchern über Eisenbahnen. Ein ganzes Regal mit Büchern zur Ornithologie. Ein Regal über die Sportart Boxen. Ein Regal mit afrikanischen Kochbüchern. Es ist der weltgrößte Buchladen, wenn man die Regalmeter (achtundvierzig Kilometer) und die Anzahl der vorrätigen verschiedenen Buchtitel ansieht. Was uns Menschen alles interessiert! In welcher Tiefe wir uns mit den Dingen beschäftigen!

Mich fasziniert unsere Neugier, unsere Fähigkeit, uns in ein Thema zu verlieben. Ich liebe die Bahn, andere Menschen lieben Flugzeuge, Autos, Fahrräder, Kunst, Bogenschießen, Fische ... Mir gefällt das an uns. Wie gern hört man jemandem zu, der mit vor Begeisterung sprühendem Blick von seinem Lieblingsthema erzählt.

Wir sind einander in solchen Momenten ganz nah und doch auch bei uns selbst.

Als ich mich am nächsten Tag in der U-Bahn nach dem Fahrplan umsehe, remple ich versehentlich eine junge Frau an und entschuldige mich. Oder hat sie mich angerempelt? Sie sagt, sie entschuldige sich auch, und lacht.

Ich nehme die »Northern Underground Line« von Leicester Square nach Embankment. Es scheppert und rumpelt, und die U-Bahn ist so gedrungen und eng, dass ich mich frage, wie das wohl war, als früher die U-Bahnen von Dampfloks gezogen wurden. Wie hat man geatmet bei all dem Rauch? Am Embankment gehe ich in eine höhere Ebene und steige um. Hier sind die Tunnel breiter, die »Circle Line« hat moderne, größere Wagen, vergleichbar mit den U-Bahnen in München und Berlin.

Wie kam es überhaupt zu dem Bedürfnis, auf Schienen Hunderte Menschen zu transportieren? Am Beispiel von London lässt es sich gut erklären.

London war vor zweihundert Jahren, mit einer Million Einwohnern, die weltgrößte Stadt – und trotzdem hatte man, wenn man an der Westminster Bridge oder der St. Paul's Cathedral startete, nach einer halben Stunde Fußweg, egal in welche Richtung, die Stadt verlassen.

Man wohnte nahe der Arbeit. Die meisten gingen zu Fuß. Wer nicht laufen wollte, konnte im Stadtgebiet Droschken buchen, 1805 gab es 1100 registrierte Droschkenkutscher. Für Fahrten über die Stadtgrenzen hinaus nutzte man Postkutschen, in denen man seinen Sitzplatz allerdings im Voraus buchen musste. Sie verbanden das Londoner Zentrum mit den nahe gelegenen Ortschaften.

Dann kam zwanzig Jahre später eine neue Art von Kutsche nach London. Ein Unternehmer namens George Shillibeer guckte sich die Idee bei einem Paris-Besuch ab und übernahm sogar den Namen: »Omnibus«. Es war die erste Kutsche, die auf einer festen Route fuhr und in die man einfach überall einsteigen konnte.

Shillibeer wählte die Route von Paddington, einer damals rasch wachsenden Ortschaft am Rande von London, zur Bank of England und bot die Mitfahrt günstig an (ein Schilling, wenn man die ganze Strecke fuhr, Sixpence von Islington aus, also für die halbe Strecke). Und: Man musste nicht im Voraus buchen. Das war neu. Zwei Omnibusse betrieb Shillibeer auf der Route.

Die Sache zündete. Bald gab es erste Nachahmer und Konkurrenten.

Allerdings auch Beschwerden: Ein Zeitgenosse mokierte, er habe mit sechsundzwanzig anderen im Bus gesessen, zusammengequetscht wie »Erbsen in einem Topf«.

Kurz darauf, 1832, hörte man von einer neuen Entwicklung in New York. Eine Straßenbahn, gezogen von vier Pferden, die Harlem mit der Stadt verband, im Grunde eine Eisenbahn, nur dass die Einstiege niedriger waren, damit man von der Straße aus in die Waggons hineinkam. Bald gelang es dem Betreiber, die Konstruktion der Waggons zu verbessern, sodass sie leichter waren und nur noch zwei Pferde zum Ziehen benötigten.

Dreißig Jahre dauerte es, bis diese Erfindung in London ankam. Zuerst eröffnete ein Amerikaner namens George Francis Train (so hieß er tatsächlich) eine Straßenbahnlinie in London, die Westminster Street Railway. Er musste sie aber schon ein Jahr später wieder entfernen, weil die Schienen über den Boden emporragten und sich als Gefährdung für andere Fahrzeuge erwiesen.

1870 dann – George Francis Train reiste in diesem Jahr in achtzig Tagen um die Welt und inspirierte damit Jules Verne zu seinem berühmten Roman – durfte der New Yorker Straßenbahnbetreiber John Stephenson seine Erfindung selbst nach London exportieren. Nach und nach verschiffte er über dreihundert Straßenbahnwagen von den USA über den Atlantik nach England.

Weil die Firma ihren eigenen Schaffnern misstraute, hatten sie, je nach Preisklasse, Tickets in unterschiedlichen Farben auszugeben und sie sofort mit der Zange zu lochen. Das Loch verhinderte, dass das Ticket ein zweites Mal verwendet werden konnte – vor allem aber landete ein farbiges Papierstück im Reservoir der Zange. Beim Abliefern der Einnahmen am Abend musste der Schaffner auch die Zange entleeren, und es wurde geprüft, ob er Geld unterschlagen hatte. Dabei war die Bezahlung der Schaffner miserabel. Notgedrungen trieksten sie das System aus, indem sie ab und an – mit tatkräftiger Unterstützung verständnisvoller Passagiere – während der Fahrt abkassierten, ohne einen Fahrschein auszuhändigen, und das Geld selbst einsteckten.

Die Omnibusse waren nur für die Mittelschicht bezahlbar, die pferdegezogene Straßenbahn dagegen konnten auch Arbeiter bezahlen. Sie war dank der Schienen kräftesparender, also effizienter. Eisenräder auf eisernen Schienen bedeuteten weniger Reibung. Außerdem verlief die Strecke gerader als auf einer unebenen Straße.

Bei jeder Tram musste man sechsmal am Tag die Pferde wechseln, das bedeutete, man brauchte zwölf Pferde pro Fahrzeug. Um 1900 verwendete der öffentliche Nahverkehr in London 50 000 Pferde. Dafür benötigte man Hufschmiede, Ställe, Stallburschen, Tierärzte. Und Futter, das aus dem Umland herangeschafft wurde: Heu, Hafer, Mais, Getreide, Kleie.

Ab den 1880ern versuchten die Straßenbahngesellschaften, die Pferde zu ersetzen. 1881 gab es die erste Kabelstraßenbahn in Highgate Hill. Man nutzte stationäre Dampfmaschinen, um ein Kabel zu ziehen, das wiederum die Tram zog. Es gab Versuche mit batteriegetriebenen oder dampfgetriebenen Straßenbahnen. Die dampfgetriebenen Straßenbahnen erwiesen sich als zu schwer, sie beschädigten die Straßen. Schließlich wurden sie ab 1900 elektrifiziert.

London wuchs rasant, von einer Million Einwohner um 1800 auf fünfeinhalb Millionen Einwohner im Jahr 1891. Viele wohnten außerhalb. Dienstboten und Hotelangestellte waren auf Eisenbahn und Straßenbahn angewiesen, um zur Arbeit zu gelangen. Das alltägliche Leben in der gewachsenen Stadt auf großer Fläche konnte nur funktionieren, wenn es gelang, den öffentlichen Nahverkehr preisgünstig zu gestalten. Schienen, Züge und Straßenbahnen machten es möglich.

Die erste Bahnverbindung, eröffnet 1838, führte von Greenwich nach London Bridge. Sie bewies, wie viel schneller man mit einem von einer Dampflok gezogenen Zug war als mit einer Postkutsche. In den ersten fünfzehn Monaten nutzten 650 000 Passagiere diese neue Bahnstrecke, in den 1840ern schon mehr als zwei Millionen jedes Jahr.

Trotzdem waren die Straßen der Innenstadt verstopft. Bald fand man eine Lösung: den Zug unterirdisch fahren zu lassen. Das würde die Straßen entlasten. Es war die erste U-Bahn der Welt.

Man konnte erster, zweiter oder dritter Klasse fahren – die dritte war mit harten Holzsitzen ausgestattet, die zweite immerhin gepolstert, die erste hatte abgesonderte, luxuriöse Abteile.

Wenn ein Bahnangestellter an einer Schnur zog, wechselte oben im Waggon die Anzeige der nächsten Station. Leider vergaß der Angestellte das oft, die Klagen darüber sind überliefert, weil sich Passagiere beschwerten, deswegen ihre Station verpasst zu haben.

Die Loks waren groß und kraftvoll, damit sie die U-Bahn zwischen den vielen, kurz hintereinander liegenden Haltestellen genug beschleunigen konnten. Man stattete sie mit speziellen Röhren aus, die den Dampf in Seitentanks mit kaltem Wasser leiteten und dort zu Wasser kondensieren ließen. Und man nutzte Koks anstelle von gewöhnlicher Kohle, weil es weniger Rauch erzeugte. Die besondere Konstruktion, die Dampf zu Wasser verdichtete, verringerte aber ihre Kraft. Um trotzdem schnell genug fahren und den Fahrplan einhalten zu können, fuhren sie manchmal ohne den Kondensator und füllten die Tunnel mit umso mehr Rauch und Dampf.

Die Luft in den U-Bahn-Tunneln war furchtbar. Man baute Luftschächte entlang der Strecke, was Menschen an der Erdoberfläche regelmäßig verblüffte, weil aus dem Schacht plötzlich Dampf entwich. Trotzdem konnten die Passagiere an den unterirdischen Bahnsteigen kaum atmen. So blieb es vierzig Jahre lang.

Die Lösung für das Lüftungsproblem war erst die Elektrifizierung 1905.

In der Waterloo Station stehe ich unter der Waterloo Clock, einer Berühmtheit der Stadt. Sie hängt dort seit den frühen 1920er-Jahren, unzählige Menschen haben sich darunter schon verabredet. Gebaut wurde sie von Gents' of Leicester, einer Firma, die 1872 gegründet wurde und elektrische Uhren für Bahnhöfe in aller Welt herstellte. Die Waterloo Clock ist dunkelblau, eine ungewöhnliche Farbwahl, aber einprägsam. Leider hat sie keinen Sekundenzeiger. Sie ist riesig, ich könnte keines der vier Ziffernblätter halten, die in alle vier Himmelsrichtungen blicken, sie sind größer als ich.

Der Bahnhof erscheint mir hell, großzügig und voller Luft und Licht. Liegt es daran, dass die Stahlträger mit den dicken Nieten in einem hellen Beigeton gestrichen sind?

Ich laufe die vierundzwanzig Bahnsteige ab. Es ist der Fläche nach der größte Bahnhof Großbritanniens. Um ihn zu bauen, mussten mehr als siebenhundert Häuser abgerissen werden. Im Jahr seiner Eröffnung, 1848, gab es täglich vierzehn Züge, die ankamen oder abfuhren. Damals wuchs die Bevölkerung von London rapide, und es entstand ein Problem: Die Friedhöfe waren zu klein. Ein Landstück in Surrey, weiter als zwanzig Meilen von London entfernt, sollte als neuer Friedhof dienen.

Damit das logistisch überhaupt möglich wurde, gründete man die London Necropolis Railway. Sie transportierte Tote und Trauernde zum neuen Friedhof Brookwood. Anfangs sorgte man sich um die Würde der Trauernden, die im selben Zug fuhren wie die Toten. Außerdem: Wie sah es mit Besuchen am Grab aus? Konnte man erwarten, dass sich Menschen dafür einen ganzen Tag freinahmen?

Es erwies sich trotz aller Zweifel als beste Lösung. Die London Necropolis Railway mit ihrem eigenen Bahnhofsbereich in Waterloo Station transportierte vom Jahr ihrer Gründung 1854 bis zur Zerstörung des Bahnhofs 1941 durch die deutschen Luftangriffe mehr als 200 000 Tote zum Friedhof Brookwood.

Heute steht auf der Anzeige hoch über den Bahnsteigen in Waterloo Station: »Our doors close 45 seconds prior to departure time. Please plan ahead and help us run our trains like clockwork.« Man kommt nicht ohne Ticket auf die Bahnsteige, und Personal steht dort an den Schranken. Fährt der Zug demnächst ab, werden sie geschlossen. Solche Strenge! Als ich Züge einfahren sehe, bin ich aber erleichtert. Sie sind abgenutzt und roh und keineswegs perfekt.

Es gibt diesen Charme alter Waggons. Nicht dass ich abgenutzte Sitze liebe, verschlissene Polster oder abgeschabte Böden. Aber irgendwie gefällt mir der Shabby Chic, so wie ich an Bahnhöfen die Mischung aus Palast und Fabrik mag. Es zeigt, wie viele Menschen hier fahren. Nur dreckige Scheiben mag ich nicht – der Blick nach draußen muss frei sein.

Nach spannenden Museumsbesuchen, Spaziergängen durch die Stadt und einer wegen Krankheit der Gesprächspartnerin ausgefallenen beruflichen Verabredung geht es für mich wieder zurück nach Landshut. Zuerst muss ich beweisen, dass ich in die EU einreisen darf. Die Dame an der Passkontrolle ist müde, sie sieht mich an, hält meinen Reisepass an den Scanner, gibt ihn mir zurück. Ich gehe einige Schritte, dann kommt sie mir nach: »Excuse me, Sir?« Sie fragt mich, ob sie meinen Pass gescannt habe.

Sie sieht so ehrlich und verletzlich aus.

»Ja«, antworte ich auf Englisch, »haben Sie.«

Sie bedankt sich. Dann geht sie zurück auf ihren Posten.

Wie verrückt ist das: All das Schlangestehen, die strengen Anweisungen, der fälschungssichere Reisepass und dann eine simple Frage von Mensch zu Mensch: Hatte ich Sie schon kontrolliert? Ah, dann ist alles bestens.

Bei der Ticketprüfung im Bahnhof lande ich diesmal statt in Wagen 2 (wie auf meinem Onlineticket steht) in Wagen 17, sie könne sich das nicht erklären, sagt die Bahnangestellte, aber ich solle bitte den neuen Sitzplatz verwenden, sie drucke mir ein neues Ticket aus.

Vielleicht war die »Business Premier«-Klasse doch nur ein Irrtum gewesen? Jetzt bin ich auf normales Reisen zurückgestuft.

Ich habe einen Fensterplatz. Das ist wenig wert, wenn man die meiste Zeit durch einen dunklen Tunnel fährt.

Mitten unter dem Meer, im Tunnel, klingelt mein Handy. Mein neunjähriger Sohn ist dran. Er will wissen, ob er lieber mit seiner Oma zum Chiemsee fahren soll oder mit meiner Frau zum Sommerfest der Musikschule, er könne sich nicht entscheiden.

Ich bin verblüfft, dass das Handy hier funktioniert. Das Internet, das der Eurostar anbietet, ist im Tunnel nicht zu gebrauchen. Wieso kann ich telefonieren? Es geht nicht in meinen Kopf, dass ich unter dem Ärmelkanal bin und drahtlos mit meinem Sohn rede. In meiner Kindheit konnte ich das Telefon nicht mal vom Flur ins Wohnzimmer tragen, ich musste, statt auf dem bequemen Sofa, auf einem Telefonbänkchen im Flur sitzen, das Kabel reichte nicht weit.

In Brüssel suche ich mein Gleis und stutze, als dort »Keulen« als Zielort steht. Mein Hirn ist zu der Übertragungsleistung nicht fähig. Erst nach längerem Grübeln fällt der Groschen: Keulen ist Köln!

Im ICE dann ein wildes Durcheinander von Sprachen: Englisch, Französisch, Deutsch. Die Ansagen im Zug, auch noch, als wir schon wieder in Deutschland sind, erfolgen auf Niederländisch. Auf dem Bildschirm im Zug lese ich: »Trein eindigt in Köln. A.u.b. daar uitstappen. Bedankt dat u hebt gekozen voor Deutsche Bahn.« A. u. b. bedeutet alstublieft, zu Deutsch: bitte. »Der Zug endet in Köln. Bitte steigen Sie dort aus. Vielen Dank, dass Sie sich für die Deutsche Bahn entschieden haben.«

Oft schon bin ich am Kölner Hauptbahnhof, wenn genug Zeit blieb, zum Dom gegangen und habe staunend an diesem Koloss hinaufgesehen. Heute gehe ich sogar kurz hinein. Ich atme seine Größe ein, bewundere die Säulen, die erzählenden bunten Glasfenster und frage mich, was seine Erbauer wohl dachten und erreichen wollten.

Dass Bahnhöfe mitten in der Stadt sind, ist ein Vorteil gegenüber Flughäfen, die meist außerhalb der Städte liegen. Und selbst wenn ich nicht aussteige, führt die Strecke durch die Stadt, und ich sehe sie mir an, ich tauche durch ihr Leben.

Ich weiß jetzt, von Landshut aus komme ich mit nur zweimal Umsteigen nach Paris. Genauso nach Mailand oder Rom, Ljubljana oder Kopenhagen, ohne umzusteigen nach Prag, nach Barcelona müsste ich dreimal umsteigen, nach Malmö über die Öresundbrücke zweimal.

Europa ist viel kleiner, als man denkt.

Nachdem ich Köln verlassen habe, führt die Strecke nach Süden am Rhein entlang, was besonders Freude macht, wenn man auf der richtigen Zugseite sitzt, also in Fahrtrichtung links. Ich betrachte das ruhig fließende breite Wasser, die Frachtschiffe, zwei Angler in einem Kahn. Die Ausflugsdampfer sind alle strahlend weiß, vorn schäumt das Wasser am Bug, hinten werfen die Antriebspropeller eine Woge. Still liegen die Weinberge da. An einer roten Boje vor einer Insel bricht sich die Flut. Warum hat der Anblick von Wasser so eine beruhigende Wirkung auf uns?

Immer wieder kommen kleine Schlösser in Sicht, aber auch Wohnhäuser, Kirchen und Lokale am Ufer. Der Zug folgt den weit und ruhig gezogenen Kurven des Rheins, der Rhein ist der Boss, der Zug nur sein Besucher.

Die Stadtmauer von Andernach steht breit und trutzig mit ihren Wehrtürmen. Oben auf dem Bergkamm am anderen Rheinufer folgen einige Burgen: die Marksburg und Schloss Philippsburg, Burg Sterrenberg und nach der Loreley Burg Katz und Burg Pfalzgrafenstein.

Grüne und rote Bojen im Rhein fordern, dass die Kähne zwischen ihnen hindurchfahren, obwohl der Fluss viel breiter ist. Wenn es das doch auch für uns Menschen gäbe, wenn man immer wüsste: Zwischen diesen beiden Polen bin ich sicher, hier weiß ich, alles wird gut, und man könnte so den Stromschnellen des Lebens ausweichen, den Untiefen, den unguten Abzweigungen.

Aber dann müsste man nichts lernen, man müsste sich keine Entscheidungen mehr abringen, die einem hinterher umso kostbarer sind.

ANKOMMEN: DIE BAHNHÖFE

Richard Lucae schrieb 1869 über die Bahnhöfe: »Wir sind in dem Riesenvestibüle einer großen Stadt, durch das Millionen in sie ein- und aus ihr ausströmen. Tausende von Menschen nimmt der Raum in einer Minute auf, um sie in der anderen nach allen Richtungen zu zerstreuen.«

Seit Deutschlands erstem Bahnhof, dem der Ludwigsbahn am Nürnberger Plärrer, damals noch ohne ein Empfangsgebäude oder eine Wartehalle, wurden immer mehr und immer größere Bahnhöfe errichtet. Oft sind es Hallen aus Glas und Eisen wie der Londoner Crystal Palace von 1851, und bis heute ist diese Mischung aus Fabrik und Palast reizvoll für mich, zum Beispiel beim Leipziger Hauptbahnhof.

Sie zeigt das Ambivalente der Eisenbahn, die eine

Transportindustrie ist, aber zugleich auch ein Luxusunternehmen, das Reisende an einen beliebigen Zielort bringt.

Die Stahlkonstruktion des Leipziger Bahnhofs lässt ihn wie eine Fabrikhalle erscheinen, fast so, als würden hier Motoren hergestellt. Das ist mir lieber als die pieksauberen, künstlichen Oberflächen im Inneren eines Flughafens. Mich reizt, was fern der glatten Ästhetik ist, es ist näher am echten Leben.

Sieht man mit dem zweiten Blick hin, begeistert die Weite. Ein Raum aus Licht, eine Kirche? Der Leipziger Hauptbahnhof, der größte Kopfbahnhof Europas, stammt aus einer Zeit, als das Zugfahren noch eine große Sache war.

In den ersten Jahrzehnten des Bahnfahrens erreichte man die Bahnsteighalle nicht einfach so. Man hatte sich zuerst in Wartesälen zu versammeln. In den frühen Bahnhöfen wurden erst kurz vor der Abfahrt die Türen geöffnet, die auf den passenden Bahnsteig hinausführten. Man traute dem Publikum den freien, eigenständigen Kontakt zur Eisenbahn noch nicht zu. Sie war wie eine Maschine, mit deren Gebrauch die Menschen nicht vertraut waren.

Dann, ab den 1860er-Jahren, wurde die Eingangshalle direkt mit der Bahnsteighalle verbunden, und die Wartesäle waren keine Schleuse mehr, die zuerst passiert werden musste.

Für Soldaten im Ersten Weltkrieg war der Bahnhof ein Sehnsuchtsort, denn er bedeutete, dass sie nach Hause heimkehren durften. Wer die Heimreise im Kopf hatte und nur noch daran dachte, in den Zug zu steigen und nach Hause zu fahren, der sagte, wenn man ihn auf etwas anderes ansprach: »Ich verstehe nur Bahnhof.« Was bedeutete, dass es kein anderes Thema mehr für ihn gab. Daher kommt der Ausdruck, den wir bis heute verwenden.

Aber diese prachtvollen, an Kirchen gemahnenden Räume, in denen die Decke hoch reicht, haben auch ihre dunklen Ecken. Zwar wertete die Anbindung an die Bahn ganze Landstriche auf, doch nicht ohne Grund wurde zugleich die Gegend direkt am Bahnhof abgewertet.

Ich mag die hölzernen Treppen im Bahnhof Hamburg-Harburg an Gleis 6. Sie sind schon etwas ausgetreten, aber ich laufe gern darauf, es läuft sich anders als auf Stein. Das Holz ist tief mit künstlichen Furchen durchzogen, damit es nicht rutschig wird. Wenn es aber trocken ist, ist das Holz wunderbar zum Laufen, es scheint freundlich nachzugeben unter meinem Schritt, und es hält mich gut.

Dann wieder sitze ich im Zug nach Dresden und beobachte, wie die Regentropfen an der Scheibe herunterlaufen. Als Kind habe ich das oft bestaunt. Sie nehmen unterwegs weitere Tröpfchen auf, die an der Scheibe hängen, sie schlucken sie und vergrößern sich, werden schneller. Hinter sich ziehen sie eine Wasserspur her wie einen Kometenschweif. Vereinzelt gibt es Wasserautobahnen, kleine Bäche an der Scheibe, die sich wellenartig verdicken. Trifft ein Tropfen auf eine solche Autobahn, verschmilzt er mit ihr und fährt wie ein Rennwagen die Scheibe hinunter. Es macht Spaß, dem Regen zuzuschauen.

Mitte des 19. Jahrhunderts führte man in Preußen Wagen der vierten Klasse ein, um auch Geringverdienern das Bahnfahren zu ermöglichen. In diesen Wagen gab es nur an den Seitenwänden Bänke, der Rest der Fläche waren Stehplätze. Viele der Wagen besaßen kein Dach.

Was haben die Fahrgäste bei einem Unwetter gemacht? Die dritte Klasse hatte zwar ebenfalls Holzbänke, aber immerhin ein Dach und lederne Vorhänge gegen den Regen. In der zweiten Klasse war auch die Rückenlehne gepolstert. In der ersten gab es Glasfenster. Verrückt: Wir fahren heute mit der einfachsten Regionalbahn im Erste-Klasse-Komfort.

BEHAGLICHKEIT

Der Lenker meines Fahrrads wackelt. Ich fahre trotzdem damit und fürchte währenddessen, es könnte meine letzte Fahrt sein, und stelle mir vor, was passieren würde, wenn sich bei hohem Tempo plötzlich die Lenkstange aus der Verankerung löst. Ich weiß auch, warum sie sich lockert: Ich begleite morgens oft meine Söhne zur Schule und hänge dann ihre Schultaschen an den Lenker, damit sie die nicht auf dem Rücken tragen müssen, unglaublich schwere Rucksäcke, obwohl ich die Kinder immer wieder dazu anhalte, die nicht benötigten Bücher zu Hause zu lassen. Das hat den Lenker zu stark belastet.

Fahrradfahren macht seitdem keinen Spaß mehr. Ich wackle beim Fahren vorsichtig am Lenker und prüfe, ob er sich noch weiter gelöst hat. Heute habe ich versucht, ihn fester zu schrauben, aber es ist mir mit meinem geringen Vorrat an Werkzeugen nicht geglückt. Ich werde in die Werkstatt fahren müssen. Eigentlich weiß ich das schon seit Wochen.

Beim Autofahren fühle ich mich etwas sicherer, aber oft genug kommt es zu nervenaufreibenden Situationen. Ich fühle mich nicht vollkommen souverän, ich bin unkonzentriert, weil ich über das Schreiben nachdenke, andere Fahrer erscheinen mir lebensmüde mit ihren Überholmanövern, es regnet, ich vergesse abzublenden. Sind die Räder, die wir gerade erst auf die Wintergarnitur gewechselt haben, fest genug gezogen? Und was war dieses seltsame Geräusch beim Bremsen?

Im Zug entspanne ich mich.

Ich kenne die Einwände, ich höre sie jedes Mal, wenn eine Durchsage Ungutes verkündet, die Mitreisenden packen dann ihre Horrorgeschichten aus.

Ich gebe im Jahr mehrere Tausend Euro für Fahrkarten aus und durchkreuze das Land für meine Lesungen von Greifswald bis an den Bodensee, von Düsseldorf bis Dresden. Ich komme immer an. Einmal musste ich im Hotel übernachten, weil wir Verspätung hatten und nichts mehr fuhr, ein einziges Mal in zwanzig Jahren.

Die meisten glücklichen Paare haben kritische und positive Interaktionen im Verhältnis von eins zu fünf. Auf eine Kritik oder einen Streit folgen fünf positive Signale und gleichen sie aus. Meine Beziehung zu den Zügen ist, wenn man diesen Maßstab anlegt, ausgeglichen. Ich gehe zum Bahnhof, auch zu unmöglichen Zeiten, und rechne fest damit, dass die Züge wie erwartet eintreffen und dass sie wie erwartet abfahren und mich transportieren, und auch wenn es einzelne Abenteuer gibt, bei denen ich umplanen muss, erfüllen sie meistens meine Erwartungen.

»Wenn man schon mal Bahn fährt!«, klagen die Leute.

Ich schweige dann. Ich bin gnädig mit der Bahn.

Und manchmal muss ich mir einfach Notizen machen.

Eine Durchsage im Zug: »Herzlich willkommen auch an die zugestiegenen Fahrgäste auf der Fahrt nach …« Verwirrtes Schweigen. »… Hof.« Dass die Zugchefin nicht sicher ist, wohin wir gerade unterwegs sind, gibt unserem Ziel etwas Beliebiges, Surreales. Es geht nicht darum, irgendwo hinzugelangen, sondern nur darum, unterwegs zu sein. Der Zug ist Selbstzweck, wir sind seine Bewohner. Wohin er sich bewegt, bewegen wir uns mit. Wir sitzen in seinem Bauch und sehen stumm hinaus.

Wochen später im ICE nach Berlin: »Achtung, eine dienstliche Durchsage. Wenn sich ein Lokführer im Zug befindet, möge er sich bitte in Wagen neun einfinden.« Wir sehen uns erschrocken an. Was hat das zu bedeuten? Fahren wir gerade ohne? Geht's dem Lokführer nicht gut? Der ICE brettert übers Land, und sie suchen einen Lokführer …

Wieder einige Wochen später: »Das Team der Südostbayernbahn verabschiedet sich von allen Fahrgästen, die in Mühldorf aus-, um- oder weiterfahren möchten.« Aus-, um- oder weiterfahren? Was ist gemeint, aus der Haut fahren? Jemanden umfahren? Ich bin nicht sicher.

Und eine lustige Durchsage bei der Heimfahrt aus der Schweiz: »Vergessen Sie keine Gegenstände, Mitreisende oder Tiere an, um oder über Ihren Sitzplätzen.« In vollem Ernst vorgetragen! Ich stelle mir Leute vor, denen zu Hause auffällt: Ach, jetzt haben wir die Oma im Eurocity vergessen. Oder jemand bemerkt erst zu Hause, dass unter dem Sitz im ICE noch der Hamster hockt.

Einmal im Intercity musste ich bei jeder Durchsage lächeln, vor Glück, vor überschäumender Sympathie für diesen Zugchef. Er sprach mit herrlichem britischem Akzent, und er kümmerte sich um uns, mit Worten nur, aber mit ausgesuchter Höflichkeit. Einmal sagte er: »Meine Damen, meine Herren, bitte erschrecken Sie nicht, wir werden nach dem Bahnhof die Fahrtrichtung wechseln. Das bedeutet nicht, dass wir zurück nach Dortmund fahren.«

Etwas später: »Ihre Anschlüsse … sage ich Ihnen, wenn ich Netz habe.« Nach langer Pause hat er offenkundig Netz, er sagt sie an.

Die Fürsorge dieses Zugchefs tat uns allen gut.

Der heutige Zugchef sagt, dass wir den Endbahnhof Hamburg-Altona anfahren, und scherzt: »Wenn Sie nicht beim Durchsaugen helfen wollen, empfehle ich Ihnen dringend, hier auszusteigen.«

Es ist kurz vor ein Uhr nachts, morgen werde ich meine Reise fortsetzen, heute aber schlafe ich im Intercity-Hotel gleich neben dem Bahnhof. Ich notiere mir seinen Satz auf Intercity-Hotel-Briefpapier und falle ins Bett und denke beglückt, wie schön, dass es noch Hotelbriefpapier gibt.

MIT DEM ZUG
ÜBER DIE ALPEN

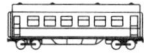

Der Eurocity 85 nach Venezia Santa Lucia ist alt, die Sitze sind abgeschrammt. In der Toilette gibt es die Seifenmühle wie früher: Man dreht ein Rad und raspelt die Seife, bis sie wie Pulver auf die Hände rieselt.

Ein Italiener steigt ein und stört sich am abgenutzten Zustand des Zuges. »Der Zug kommt aus Tschetschenien, aus Russland«, schimpft er. »So einen Zug habe ich noch nie gesehen!« Dann gibt er Kommandos: »Räumen Sie mal Ihre Koffer zur Seite da oben.« Er zeigt auf die gut gefüllte Gepäckablage. »Da muss mein Koffer hin.« Die Leute schieben, einer nimmt seinen kleineren Koffer herunter und verstaut ihn zwischen den Sitzen. Der grauhaarige Mann wartet unnachgiebig. Jemand wuchtet ihm seinen Koffer hoch. Er setzt sich und bemerkt, dass sein Gegenüber – ein Mann mit weißem Weihnachtsmannbart – ebenfalls Italiener ist. Sie fangen an, vergnügtes Italienisch zu plaudern.

Jeder Platz im Zug ist besetzt. Ich freue mich für die ÖBB, scheinbar rechnet sich die Verbindung. Sie könnten die Preise hochziehen, aber das wird ja nicht für einzelne Strecken gemacht.

Wir sitzen zu viert beieinander, Lena, die Jungs und ich.

Ich lasse das Auto gern stehen und steige in den Zug. Mit dem Auto würde man über Salzburg und Udine fahren. Mit dem Zug fahren wir über Innsbruck und Bozen. Bei freien Straßen würde die Strecke von München nach Venedig (573 Kilometer) sieben Stunden dauern, also in etwa so lang wie unsere Zugfahrt. Mit Staus und Toilettenpausen wird aus einer Sieben-Stunden-Fahrt schnell eine Acht-Stunden-Fahrt, da will man auch mal unterwegs ins Restaurant, etwas Warmes essen, und ich sehe dabei auf die Uhr und leide darunter, dass sich das Auto gerade nicht bewegt und wir noch später ankommen. Im Zug verspüre ich diesen Zeitdruck nicht. Der Zug fährt unbeirrbar weiter, auch wenn wir Pausen machen.

Auf der anderen Seite des Gangs sitzt eine junge Frau mit Hund. Lena, meine Frau, ist begeistert von ihm. Ich weiß sofort, warum: Sein Fell sieht kuschlig aus. Sie möchte ihn streicheln. Sie strahlt die Hundebesitzerin an.

Der Hund hat sich in den Gang gelegt, und seine Besitzerin bedankt sich bei jedem, der vorbeigeht, weil er ihren Hund nicht getreten hat. Jedes Mal kommt es von Herzen, mit Nachdruck. *Danke.* Sie liebt ihn sehr.

Hinter Rosenheim tauchen wir in die Berglandschaft ein, noch sind wir im Tal, aber rechts und links erheben sich schroffe, hohe Berge, teils bewaldet, teils felsig. Für manche ist das die Alltagsumgebung. Mir ist es so fremd, dass ich gleich Urlaubsgefühle entwickle.

Beim ersten Tunnel steht der Hund verwirrt auf, als es plötzlich dunkel ist, und blickt sich um. Erst nach dem Tunnel setzt er sich wieder.

Später fahren wir unter der Europabrücke hindurch. Sie verbindet zwei Welten, so scheint es, weit oben führt sie von Berg zu Berg. Weil wir eine Kurve fahren, rückt ein Postkartenidyll ins Bild: die Berghänge, die Brücke. Genau so würde man es malen.

Ich spüre die Schräglage des Waggons, der Zug kämpft sich die Alpen hinauf. Bergdörfer kommen in Sicht, einzelne Gehöfte, Kühe. Wir fahren langsam. Kurvenreich schrauben wir uns in die Höhe, am Berghang entlang.

Anfangs wollte man nicht glauben, dass Eisenräder auf glatten Eisenschienen genug Haftreibung besitzen, um ein Gebirge zu überwinden. Carlo Ghega, 1802 in Venedig geboren, war anderer Meinung. Er promovierte in Mathematik und trat bei der Landes-Baudirektion in Venedig in Staatsdienste, leitete zahlreiche Straßen- und Wasserbauprojekte in Oberitalien, bis er, fasziniert von der Eisenbahn, 1836 für Studien das erste Mal in ihr Geburtsland, nach Großbritannien, reiste. Fünf Jahre später übertrug man ihm die Bauleitung der österreichischen kaiserlich-königlichen Staatsbahnen. Der Auftrag: eine durchgehende Bahnverbindung von Wien nach Triest zu errichten. Gleise über ein Gebirge zu verlegen, schien damals undenkbar. Man empfahl eine Ausweichstrecke über Ungarn. Ghega aber baute entgegen allen Zweifeln die Semmeringbahn, die erste Gebirgsbahn Europas. Und es klappte, ganz ohne Seile oder Zahnräder, bloß mit Eisenrädern auf Eisenschienen als reine Adhäsionsbahn. Zum Lohn wurde er in den Ritterstand erhoben und hieß fortan Carl Ritter von Ghega.

»Du musst mal rausgucken, Felix, wir sind voll weit oben«, ruft Jona.

»Wenn wir da runterfallen, haben wir ein klitzekleines Problemchen.«

»Ich würde sagen, dann haben wir ein großes Problem.«

Am frühen Nachmittag haben wir den Scheitelpunkt erreicht. Wir fühlen uns, als hätten wir etwas geleistet. Dabei hat die Lok die ganze Arbeit gemacht. »Brennero / Brenner« steht am Bahnhofsschild. Ob die Lok sehr heiß wird auf der Strecke? Hinter dem Bahnhofsgebäude stürzt ein Wasserfall die Felsen herunter.

»Ich war mal im Juni auf dieser Strecke unterwegs, und hier oben lag Schnee.« Ich sage es, um ein wenig anzugeben.

Es gab Zeiten, da empfanden Reisende die Alpen als bedrohlich. Eine Reise über die Alpen glückte nicht immer, sie war gefährlich, man musste die passenden Monate wählen und dann achtsam sein und gut ausgerüstet.

Kaum sind wir wieder abgefahren, ertönt eine lange Ansage. Nun nur noch auf Italienisch. Die Ortsnamen erkenne ich mit Mühe, so schnell spricht der neue Zugchef.

Es geht bergab, der Zug ist jetzt vor allem mit Bremsen beschäftigt.

Nahe der Haltestelle »Ponte Gardena«, durch die wir fahren, sehe ich weiß gestrichene Schienen. Sie begleiten uns fortan. Sicher fahren auch wir auf solchen weißen Gleisen. Sie sollen die starke Sonneneinstrahlung reflektieren und sich dadurch weniger aufheizen.

Bei großer Hitze können Schienen bis zu siebzig Grad heiß werden und verformen sich vor allem in den Kurven, dann müssen die Strecken gesperrt werden. Die weiße Farbe hilft, dass sie sieben, acht Grad kühler bleiben. Es ist nicht mal Spezialfarbe. Einfach nur weiß.

In Deutschland müssen wir Weichen beheizen, damit sie im Winter nicht einfrieren, und in Italien ist die Hitze das Problem.

Es gibt keine Anzeigen im alten Eurocity. Um zu erfahren, was der nächste Bahnhof sein wird, ist man allein auf die Ansagen angewiesen. In Deutschland habe ich das nicht bemerkt, in Österreich auch nicht. Erst hier in Italien, wo ich die Ansagen kaum verstehe, fällt es mir auf.

Hinter Bozen fahren wir hinaus in eine Ebene, das Südtiroler Unterland, und entlang endloser Plantagen, viele mit schwarzen oder weißen Netzen überspannt, unter denen Äpfel reifen, Birnen, Pflaumen, Pfirsiche, Aprikosen. Ich sehe die Früchte an den Bäumen hängen und würde am liebsten zugreifen.

Kurz darauf bestaune ich den Fennberg bei Salurn. Die Sonne scheint herrlich auf das hellbeige Gestein. Er bedroht mich nicht, dieser Berg, er geht nicht ins Tal über, als wollte er näher rücken, sondern lässt mich in Sicherheit im sonnigen Tal, während er daneben thront.

Auch Trient gefällt mir auf Anhieb. Die ausladenden Kronen der Bäume! Der Anblick hat eine beruhigende, wohltuende Wirkung auf mich. Außerdem gibt es verzierte, eiserne Balkone wie in Portugal.

Die zwei italienischen Senioren reden seit München, es gibt keine Gesprächspausen. Als einer von ihnen zur Toilette geht, redet er noch unterwegs weiter und geht redend an mir vorbei.

Kurz nach fünf erreichen wir Verona Porta Nuova. Es bildet sich eine Schlange im Mittelgang, weil so viele aussteigen wollen, und eine Frau missversteht, weshalb eine andere Frau neben ihr stehenbleibt. »Ich dachte, sie wollten mir irgendetwas sagen.«

»Nein«, sagt die andere und lächelt. »Mir fällt auch nichts ein, was ich sagen könnte.«

Sie fangen an, sich zu unterhalten.

Die Lächelnde kommt gerade aus Hannover, will nach Brescia, »dann reicht's jetzt auch«, sagt sie, sieht aber noch munter aus mit ihrem pinken kurzärmeligen Pullover, der feschen Brille und den kurzen grauen Haaren.

Lena raunt mir zu, dass sie es erfrischend findet, dass man andere Leute sieht beim Zugfahren.

Mehrere Frecciarossa stehen in Verona, die italienischen Schnellzüge, knallrot wie ein Ferrari, mit weißen Streifen. Sie schaffen bis zu dreihundert Stundenkilometer, übersetzt heißen sie »roter Pfeil«. Jetzt fährt einer an, es klingt wie ein abfahrender ICE, er kommt rasch auf Tempo.

Dann fährt ein Italo ein, ebenfalls rot, aber in einem dezenteren Ton. Er sieht ähnlich modern aus, mit spitzer Schnauze.

Je tiefer wir hineinfahren nach Italien, desto lauter reden die beiden Alten. Jetzt hat sich eine Frau dazugesellt, sie unterhalten sich quer über den Waggon. Sie sind zu Hause in Italien, das merkt man, sie fühlen sich immer heimischer.

Dann fahren wir einen langen Bahndamm entlang über das Meer, an kleinen Inseln vorüber.

Ich sehe Männer, die im Stehen rudern wie Gondolieri – nur zehnmal so schnell. Es sieht anstrengend aus. Zu zweit stehen sie im Boot. Es wirkt, als wollten sie einen Rekord brechen.

Ein weißer Seidenreiher schlägt seine Schwingen und landet umständlich auf einem Baum auf einer Insel in der Lagune.

Es ist halb sieben. Wir verlassen in Venezia Santa Lucia den alten, tapferen Zug. Die Bahnhofstreppe führt direkt zum Canal Grande. Wassertaxis und Wasserbusse fahren vorüber, Gondeln ankern am Ufer, die Gondolieri mit quergestreiften Shirts sehen sich nach Fahrgästen um. Die Luft ist warm und weich.

Lena liebt Venedig, so wie ich New York liebe. Sie sagt, sie würde gern hier leben. Jona hat es gehört. Er ist sofort einverstanden. Sie fragt: »Aber was arbeite ich dann?« Es hängt also nur noch an praktischen Erwägungen.

In den folgenden Tagen bleibt sie immer wieder stehen, ist einfach still und nimmt die Schönheit dieser

Stadt in sich auf. Sie mag die Farben, die bepflanzten Balkone, die schmalen Gassen und die breiten Kanäle, auf denen die Sonne glitzert.

Das Highlight für die Kinder ist, die Tauben zu füttern. Mehr brauchen sie nicht. Sie stellen sich vor, die Tauben wären ihre Haustiere.

Herrlich ist es, den Musikern zu lauschen, die am Markusplatz spielen. Man könnte sich zu ihren Füßen an einen Cafétisch setzen, bei zwölf Euro für einen Milchkaffee plus Coperto für das Gedeck, aber das lohnt sich nicht, wenn man mit zwei wilden Jungs unterwegs ist. Wir gehen also von hinten an die Bühne heran, um kurz zuzuhören. Felix stellt sich nahe ans Klavier, und schon lacht ihn die Pianistin an, sie spielt und guckt Felix an und lächelt, und er lächelt zurück, wie es nur Felix kann, und sie spielt jetzt nur noch für ihn, scheint es. Der Violinist ist großartig, die Pianistin und der Bassist auch, ihr Bossa Nova ist mitreißend. Hätten wir doch Kinder, die eine halbe Stunde brav am Kaffeetisch sitzen. Andererseits: Würden die sich an den Flügel heranschleichen und der Pianistin das Herz stehlen?

Tags darauf regnet es. Mitten in den Regen hinein ertönt ein lauter, tiefer Warnton, während wir mit Schirmen zum Campiello Santa Marina laufen, wo ich Lena damals den Heiratsantrag machte. (Ich bekam vor lauter Aufregung nur die Worte heraus: »Willst du meine Frau werden?«)

Als wir uns – jetzt zu viert statt zu zweit – dort fotografiert haben, laufen wir zum Markusplatz. Manche Gassen sind eng, wenn sich Menschen mit Regenschirmen entgegenkommen, braucht man Geschick und Umsicht.

Ich muss lachen, als wir den Markusplatz erreichen. Er ist überflutet, wie damals, als wir uns verlobt haben. Den Markusplatz erwischt es immer zuerst, er ist der tiefstgelegene Punkt der Stadt.

Lena zieht kurzerhand die Schuhe aus. Wir tun es ihr gleich und waten über den Platz. Den Kindern geht das Wasser bis zu den Knien. Felix kostet es, er hat seinen Finger schneller abgeleckt, als ich »Nein!« rufen kann. Es ist warmes Salzwasser.

In der »Acqua alta«-Saison von September bis April kann so etwas vorkommen, die Venezianer sind das Hochwasser gewohnt. Allerdings steigt der Meeresspiegel, und der Untergrund der Stadt sinkt ab, zwei Faktoren, die es von Jahr zu Jahr schlimmer machen. Das Hochwasser bedroht die historischen Gebäude.

Deshalb hat man ein Hochwasserschutzsystem aus Reihen beweglicher Barrieren gebaut, die bei Bedarf die Lagune von der Adria isolieren. Die Experten schätzten 2020, dass die Tore fünf Mal im Jahr eingesetzt werden müssen. Schon zwei Jahre später waren sie neunundvierzig Mal im Einsatz. Auch heute wurden sie hochgefahren.

Später sitzen wir am Canal Grande, Lena und Felix essen Nudeln mit Venusmuscheln, Jona und ich essen Pizza. Ein älteres Pärchen sitzt neben uns, Deutsche, und als es wieder zu regnen beginnt, rücken sie unter Entschuldigungen näher, damit sie noch unter den großen Schirm passen und trocken bleiben. Wir plaudern.

Sie sind mit dem Schlauchboot gekommen, man könne in den Seitenkanälen problemlos anlegen, nur dürfe man das Boot nicht fest anschließen, auch der Knoten, den man mache, solle nur leicht sein. Die Italiener würden dann, wenn sie den Platz brauchten, das Boot etwas bewegen und woanders wieder anbinden. Seit vielen Jahren machten sie das schon so, das Boot sei nie gestohlen worden.

Ich stelle mir vor, dass sie reich sind und das Schlauchboot von ihrer Jacht aus starten. Aber im Gespräch stellt sich heraus, dass sie mit dem Wohnmobil hergefahren sind. Das Schlauchboot pusten sie erst in der Nähe der Stadt auf.

Sie fragen uns nach der Anreise, und ich erzähle, dass wir mit dem Zug gekommen sind. Sie machen große Augen, finden es aber eine tolle Idee.

Für die Heimfahrt habe ich ein Liegewagen-Abteil im Nachtzug gebucht. Wir fahren mit dem Vaporetto direkt zum Bahnhof, steigen aus dem Wassertaxi und treten ins Bahnhofsgebäude.

Trenitalia, die staatliche Bahngesellschaft Italiens, wirbt hier auf Werbetafeln für den Frecciarossa mit einem Bild, das an ein Rennauto erinnert: Der Schnellzug ist frontal abgebildet, die Lichter funkeln, der Hintergrund verschwimmt. Der Werbespruch rückt die Geschwindigkeit in den Fokus, aber nicht das raschere Ankommen, also nicht den Komfort und Vorteil für den Reisenden, sondern die Geschwindigkeit als bewundernswerte Eigenschaft des Zuges: LA FIRMA DELL'ALTA VELOCITÀ ITALIANA.

Die Werbung scheint zu funktionieren. Ich sehe am Gleis einen Mann in hellem Hemd, der seine Reisetasche abstellt, um sich mit der Schnauze des knallroten Schnellzugs zu fotografieren, bevor er einsteigt.

Unser Nachtzug muss nicht schnell sein, wir wollen erst morgen früh ankommen.

Schon verlassen wir Venedig. Die Kinder ziehen ihr Nachtzeug an, damit sie in Schlafstimmung kommen. Sie sind aufgeregt. Sie wollen oben schlafen, und sie nehmen sich flüsternd vor, bis ein Uhr wach zu bleiben. Leider hat ihr strenger Vater den Plan mitgehört und verbietet es.

Wegen der Kinder verdunkele ich das Abteil. Draußen spiegeln sich Lichter auf dem Wasser der Lagune. Ich mag den Duft der frischen Laken. Das hier wird unser rollendes Hotelzimmer sein.

Ein hell erleuchteter Zug passiert uns, dann ist wieder Nacht. Noch will ich die Jalousie nicht schließen, ich will die Welt da draußen sehen und das Wunder auskosten, dass ich im fahrenden Bett liege und sie wie ein Traum an mir vorüberzieht.

Es ist erst 21:21 Uhr, um diese Zeit bin ich oft noch im Zug unterwegs und arbeite. Heute ist es anders, ich bin auf Schlafen eingestellt, schreibe noch ein paar Sätze, dann werde ich mich hinlegen, und der Zug trägt mich und meine Familie über die Alpen nach Hause.

Damit sie sich nicht erschrecken, warne ich die Kinder vor, dass es morgen früh klopfen wird und wir Frühstück bekommen. Jona findet es toll. »Ich fühl mich versorgt«, sagt er, »dann kann ich gut schlafen.«

Felix scheint auch rundum zufrieden.

Der Zugbegleiter kommt. Er trägt einen Vollbart. Warum sehen Männer mit Vollbart so gemütlich aus? Er möchte wissen, was wir zum Frühstück trinken wollen, und notiert einmal Kaffee für mich, schwarzen Tee für Lena und zweimal Früchtetee für die Jungs. Jona will wissen, was es zum Essen gibt. Brot und Butter und Marmelade, sagt der Zugbegleiter.

Die Kinder sind begeistert. Zu Hause schneiden wir ihnen Obst ins Müsli, und sie maulen oder lassen die halbe Schüssel stehen. Im Nachtzug genügt ein Marmeladenbrot, um sie zu euphorisieren.

Erstaunlich, dass schnurgerade Schienenstränge einen so schaukeln. Schaukelt der Zug tagsüber genauso, und ich merke es nur nicht, weil ich abgelenkt bin von der Landschaft, meinem Buch und dem Computer?

Sogar die Fliehkräfte spüre ich, die mich in den Kurven zur Seite ziehen. Es ist dunkel, und mir bleibt nichts als der Körper und seine Empfindungen. Es gefällt mir. Hält der Zug, warte ich ungeduldig darauf, dass er weiterfährt. Die kleinen Stöße der Räder sagen mir, dass wir reisen.

Irgendwann, nachdem die Kinder viermal kichernd auf der Toilette waren, schlafen sie ein. Und dann, geschaukelt vom Zug, auch ich.

Das Bahnnetz ist immer belebt, auch nachts. Es gibt Nachtzüge nach Brüssel. Amsterdam. Stockholm. Malmö. Zagreb. Paris. Budapest. Warschau. Kiew. Bukarest.

Manchmal treffen sich die Züge und tauschen Waggons mit schlafenden Fahrgästen aus, wenn man wach wird, hört man die Rangiergeräusche.

Nachtzüge sind im Kommen. Unter anderem, weil wir klimafreundlich reisen wollen. Unsere Strecke von Venedig nach München würde mit dem Flugzeug 55 Kilogramm Treibhausgase pro Person verursachen, mit dem Nachtzug sind es nur 17. Bei der Strecke Berlin–Paris wären es mit dem Flugzeug schon 158 Kilogramm im Vergleich zu 39 Kilogramm mit dem Nachtzug.

Aber es gibt auch Nachteile.

Ich begreife jetzt, was der Unterschied zwischen Liegewagen und Schlafwagen ist. Mir sind die Liegeflächen zu hart. Zum Glück habe ich mein Kissen dabei, sodass wenigstens der Kopf liegt wie gewohnt.

Um 4:18 Uhr weckt mich die Bundespolizei. In Italien bin ich eingeschlafen und in Deutschland wieder aufgewacht, immerhin mehr als sechs Stunden Schlaf seit 22:00 Uhr. Der Polizist macht seine Arbeit. Ich zeige unsere Reisepässe. Freundlicherweise lässt er die Kinder und Lena unbehelligt. Lena mit ihrer großartigen Fähigkeit, tief zu schlafen, bekommt gar nichts mit.

Jona allerdings, Leichtschläfer wie ich, fragt, nachdem der Polizist gegangen ist: »Was hat er gebracht?« Er ist aufs Frühstück fixiert.

WARUM ICH
VERGNÜGT REISE

Ich sehe, wie viele ihr Gepäck misshandeln. Sie stoßen es, schleudern es, bugsieren es die Treppe hinunter, es kracht auf die nächste Stufe, die nächste.

Es tut mir weh, das zu sehen. Sie haben keine Freude am Reisen, das Reisen ist ihnen eine Last.

Wenn ich zu Lesereisen unterwegs bin, habe ich fast ein schlechtes Gewissen. Ich sollte stöhnen über die Fahrerei, das Schlafen in Hotelbetten, die Herausforderung, immer wieder neue Leute von meinen Büchern begeistern zu müssen. Aber die Wahrheit ist: Es macht mir Spaß. Ich fahre mit dem Zug durch Deutschland, nach Österreich und in die Schweiz, und dort warten bereits eine Buchhandlung auf mich oder eine Bibliothek und lauter interessierte Leute, denen ich etwas über Themen erzählen darf, die mich begeistern.

Bei sechzig Lesungen im Jahr und weiteren Veranstaltungen wie Buchmessen und Interviews, also mindestens hundertzwanzig Bahnfahrten, bin ich so vertraut mit dem Inneren der Züge, dass ich mich dabei ertappe, nach einer stundenlangen Fahrt und ebenso vielen Stunden Arbeit am Roman vor dem Aussteigen die Lämpchen an den Sitzen auszuknipsen, die andere Fahrgäste, die längst den Zug verlassen haben, angeschaltet gelassen haben. Hier und da klappe ich noch eine Armlehne herunter. Ich sorge für Ordnung, als wäre es mein Wohnzimmer.

Wenn ich allein unterwegs bin, wie fast immer bei Recherche- oder Lesereisen, macht mich das nicht melancholisch. Die Einsamkeit inmitten anderer, fremder Menschen lässt mich oft sogar Fülle erleben: Wenn ich ein gutes Buch lesen kann oder interessanten Menschen begegne, neue Landschaften sehen darf. Die Bücher sind wie ein Echo auf das reiche Leben und ein Mitteilen von Gedanken und Empfindungen anderer Menschen. Durch die Begegnungen weiß ich wieder, dass ich lebe und dass die Welt spannend ist.

Bin ich in der Bayerischen Staatsbibliothek in München und kann, ohne etwas zu bezahlen, aus den elf Millionen Büchern der Bibliothek einige auswählen und mit nach Hause nehmen, dann freue ich mich, dass ich Bürger dieses Landes bin. Ich kann in einem der Lesesäle sitzen und arbeiten. Kann mir alte Tageszeitungen auf Mikrofilm ansehen. Die Bibliothek steht allen zur Verfügung. Sie *gehört* uns sogar. Das macht mich stolz auf unser Land und froh, ein Teil davon zu sein.

Mit der Bahn ist es ähnlich. Der Zug, in dem ich gerade nach einer Verlagsparty mitten in der Nacht heimfahre, gehört zu einem kleinen Teil mir. Er gehört uns Bürgern. Genauso der Münchner Hauptbahnhof der wunderschöne Leipziger Hauptbahnhof, und jeder ICE.

Die Deutsche Bahn ist zwar als Aktiengesellschaft organisiert, aber sie befindet sich vollständig im Eigentum der Bundesrepublik Deutschland. Und was ist der Staat anderes als die Summe seiner Bürger?

Dass wir dieses Schienennetz haben, verdanken wir den Generationen vor uns. Wir haben daran weitergebaut. Die Strecke Berlin–München beispielsweise, die ich öfter fahre, wurde vor acht Jahren erneuert, vor allem in Thüringen. Statt sechs Stunden dauert die Fahrt jetzt nur noch vier.

Wir beklagen heute an vielen Stellen einen Niedergang. Aber es würde guttun, sich auch mal die Fortschritte anzusehen. In meiner Kindheit quietschten die Bremsen der Züge beim Halt im Bahnhof so laut und schrill, dass ich mir die Ohren zuhielt, habe ich zu Anfang dieses Buches erzählt.

Wie schön leise heute die Züge sind! Sie bremsen nahezu ohne Geräusch und gleiten sanft durch die Landschaft. Wir dürfen darin sitzen, uns an einen fernen Ort bringen lassen und steigen vergnügt wieder aus, neugierig auf die Welt.

QUELLEN

Benjamin Constant: *De la religion. Considérée dans sa source, ses formes et ses développements*, Tome Premier, Bruxelles 1824, S. 41 f.

Tankred Dorst: *Mosch. Ein Film*, Frankfurt/Main 1980, S. 108.

Gustave Flaubert: *Briefe an Zeit- und Zunftgenossen*, Minden i. Westf. 1907.

Heinrich Heine: *Lutezia. Berichte über Politik, Kunst und Volksleben*, 2. Teil, Artikel LVII. In: Ders.: *Vermischte Schriften*, Hamburg 1854.

Joseph Henrich: *Die seltsamsten Menschen der Welt. Wie der Westen reichlich sonderbar und besonders reich wurde*, Berlin 2022.

Richard Lucae: *Über die Macht des Raumes in der Baukunst*, Zeitschrift für Bauwesen, Jg. 19, Berlin 1869, S. 298.

Wolfgang Schivelbusch: *Geschichte der Eisenbahnreise*, Berlin 2023 (ursprünglich 1977).

Carl Zuckmayer: *Die langen Wege. Ein Stück Rechenschaft*, Frankfurt/Main 1952, S. 47 f.

ISBN 978-3-7160-0034-2
Originalausgabe
1. Auflage 2025
© 2025 Arche Literatur Verlag,
ein Imprint der Atrium Verlag AG, Zürich
Alle Rechte vorbehalten. Der Verlag untersagt ohne
ausdrückliche schriftliche Zustimmung die Nutzung
dieses Werkes im Sinne des §44b UrhG für das
Text- und Data-Mining.
Umschlaggestaltung: DIEK Design / Sarah M. Hensmann,
Jemgum, unter Verwendung eines Motivs von
© Mario Dobelmann / Unsplash
Gesetzt aus der ITC Slimbach Std
Satz: Pinkuin Satz und Datentechnik, Berlin
Druck und Bindung: CPI books GmbH, Leck

GPSR (General Product Safety Regulation)-Kontakt:
W1-Verlage GmbH, Semperstrasse 24, 22303 Hamburg,
gpsr@w1-verlage.de

www.arche-verlag.com
Instagram: arche_verlag